OKR
教练实战手册

[美] 本·拉莫尔特 著 李靖 译
（Ben Lamorte）

THE OKRS FIELD BOOK

A Step-by-Step Guide for Objectives
and Key Results Coaches

机械工业出版社
China Machine Press

图书在版编目（CIP）数据

OKR 教练实战手册 /（美）本·拉莫尔特（Ben Lamorte）著；李靖译 . -- 北京：机械工业出版社，2022.4

书名原文：The OKRs Field Book: A Step-by-Step Guide for Objectives and Key Results Coaches

ISBN 978-7-111-70537-6

Ⅰ. ①O… Ⅱ. ①本… ②李… Ⅲ. ①企业管理 - 手册 Ⅳ. ①F272-62

中国版本图书馆 CIP 数据核字（2022）第 064189 号

北京市版权局著作权合同登记　图字：01-2021-3047 号。

Ben Lamorte. The OKRs Field Book: A Step-by-Step Guide for Objectives and Key Results Coaches.

Copyright © Ben Lamorte.

Simplified Chinese Translation Copyright © 2022 by China Machine Press.

Simplified Chinese translation rights arranged with Ben Lamorte. This edition is authorized for sale in the Chinese mainland (excluding Hong Kong SAR, Macao SAR and Taiwan).

No part of this book may be reproduced or transmitted in any form or by any means, electronic or mechanical, including photocopying, recording or any information storage and retrieval system, without permission, in writing, from the publisher.

All rights reserved.

本书中文简体字版由 Ben Lamorte 授权机械工业出版社在中国大陆地区（不包括香港、澳门特别行政区及台湾地区）销售。未经出版者书面许可，不得以任何方式抄袭、复制或节录本书中的任何部分。

OKR 教练实战手册

出版发行：机械工业出版社（北京市西城区百万庄大街 22 号　邮政编码：100037）

责任编辑：孟宪勐　　　　　　　　　　　责任校对：殷　虹

印　　刷：中国电影出版社印刷厂　　　　版　　次：2022 年 5 月第 1 版第 1 次印刷

开　　本：170mm×240mm　1/16　　　　印　　张：14.25

书　　号：ISBN 978-7-111-70537-6　　　定　　价：79.00 元

客服电话：（010）88361066　88379833　68326294　　　投稿热线：（010）88379007

华章网站：www.hzbook.com　　　　　　　　　　　　　读者信箱：hzjg@hzbook.com

版权所有·侵权必究

封底无防伪标均为盗版

献给我的父亲马里奥

他永恒的力量

指引我找到方向

永远陪伴着我

目 录

赞誉
中文版序
推荐序一
推荐序二
译者序
前言
致谢

第 1 章　什么是 OKR 教练辅导，为什么现在如此重要 | 1

OKR 的现状以及为什么现在到了提升 OKR 教练技能的时候 | 2
什么是 OKR 教练辅导 | 4
OKR 教练辅导现场摘录 | 7

第 2 章　OKR 教练辅导：阶段、周期、角色 | 20

OKR 教练辅导的阶段 | 21

　　　　OKR 教练辅导的周期 ｜ 24

　　　　OKR 教练辅导中的角色 ｜ 26

第 3 章　教练辅导第一阶段：系统设计 ｜ 37

　　　　从"为什么"开始，基于客户应用 OKR 的背景 ｜ 38

　　　　10 项通用设计要素 ｜ 41

第 4 章　教练辅导第二阶段：导入培训 ｜ 86

　　　　从背景和自我介绍开始 ｜ 87

　　　　理论和应用：OKR 工作坊的两个部分 ｜ 87

　　　　应用 1：高层 OKR 工作坊 ｜ 89

　　　　应用 2：OKR 内部教练培训 ｜ 99

　　　　应用 3：团队 OKR 工作坊 ｜ 102

第 5 章　教练辅导第三阶段：全周期辅导 ｜ 107

　　　　步骤一：OKR 的制定和对齐 ｜ 108

　　　　步骤二：OKR 的跟踪和监控 ｜ 124

　　　　步骤三：OKR 的反思和重设 ｜ 129

　　　　OKR 全周期教练辅导案例：客户成功团队 ｜ 134

　　　后记　开启你的 OKR 教练之旅 ｜ 144

　　　附录 A　回答前言中的问题 ｜ 163

　　　附录 B　OKR 教练辅导要领 ｜ 170

　　　附录 C　OKR 教练的五大信条 ｜ 178

　　　附录 D　词汇表 ｜ 179

　　　附录 E　贡献者 ｜ 185

　　　关于 OKR 教练网 ｜ 187

赞 誉

本致力于 OKR 的事业已经十几年了。据我所知，他辅导过的公司比任何 OKR 教练都要多。有了本这些来之不易的经验，你就可以直接"站在巨人的肩膀上"，避免大多数人在开始使用 OKR 时所犯的低级错误。他非常真诚，毫无保留，不仅为我们提供了正确运用 OKR 的方法，还告诉我们实践中种种不当的做法。我早已迫不及待地想要学习这些新的方法。此外，这本书的真正成功之处还在于它通俗易懂，每一个案例都非常贴切，书中的练习还能够帮助你更有效地学习，从而确保你做好充分的准备，排除团队实践中的任何障碍。如果你正在运用 OKR，并想去帮助其他人，你应该把这本书作为案头的必备。

——克里斯蒂娜·沃特克（Christina Wodtke）
斯坦福大学讲师、《OKR 工作法》作者

本的第一本书《OKR：源于英特尔和谷歌的目标管理利器》㊀在我们

㊀ 此书中文版已由机械工业出版社出版。

团队中备受好评，促使我们在两年前开始运用 OKR。现在我们已经准备好将 OKR 扩展到部门层面，而这本实战手册又给了我一条坚实的道路，让我能够基于结果而不仅仅是产出来设定目标。每当我感到迷惑，我都会求助于这本书。单是书中的"教练辅导要领"和"练习"就已经让我觉得物超所值了。

——菲尔·克拉克博士（Phil Clark, Ph.D.）
3M 公司技术总监

《OKR 教练实战手册》对我们为整个组织提供 OKR 教练辅导发挥了直接且积极的影响。本在书中将如何成为一名伟大教练的深刻理解及其行之有效的方法融为一体。这是 OKR 内部教练和外部教练的宝藏。

——彼得·科尔（Peter Kerr）
英国 Auxin OKR 有限公司常务董事／联合创始人

这本实战手册使我们的 OKR 之旅更加富足。它使我们的教练能够与客户共同实施 OKR。本的工作让我们的客户非常受益，它们更加专注，也更加成功。这是 OKR 教练的实用指南，你在哪儿也不可能找到比这本书更好的了。

——詹姆斯·休斯（James Hughes）
成长教练，GROW 商业培训，南非

这本书是 OKR 教练的第一个工具包。拉莫尔特带我们到幕后了解 OKR 教练的实际工作。我一直在寻找成为 OKR 教练所需要的可靠信息，这本书全有了。

——琼妮·潘格斯图博士（DR. Joni Phangestu）
成长咨询公司董事，印度尼西亚

我强烈建议你把这本书从头读到尾。然后，你可以在融入自己的见解与辅导经验后，再读一遍。我自己的顿悟有：反思"为什么是现在"这个问题，可衡量的目标和健康度量项之间的区别，以及团队层 OKR 创建七步法。

——马克·甘迪（Mark Gandy）
G3CFO 创始人、CFO 书架播客制作人

本·拉莫尔特自 2010 年开始就一直是这个领域中经验最丰富的 OKR 外部教练。《OKR 教练实战手册》是 OKR 领域最新的集大成之作，也是第一本专门为 OKR 教练编著的实用指南。每一位 OKR 践行者的书架上都不应该少了这本书——你一定会学到很多！

——丹尼尔·J. 蒙哥马利（Daniel J. Montgomery）
敏捷战略董事总经理

OKR 的简单是它吸引人的主要原因之一。然而，一旦进入实践之中，这种简单就备受考验。本的这本书精妙地处理了这一点，预测并解答了在实施过程中遇到的主要问题和障碍。拥有这本书，就相当于拥有了三年 OKR 的实践经验。

——罗德里戈·加利布（Rodrigo Garib）
智利人民优先公司 CEO

The OKRs Field Book

中文版序

非常高兴《OKR教练实战手册》中文版的面世。这本书的出版得益于机械工业出版社华章分社（以下简称"华章"），如果没有他们，出版这本书很可能还只是停留在脑海之中的一个念头。事实上，当时我只是在自己的团队内部分享一些关于OKR教练的文章，还不确定是否真的要出版一本书，是华章力主将这些内容结集成书并翻译出版。正是他们的提议，激励着我完成了这项使命。《OKR：源于英特尔和谷歌的目标管理利器》是我与好友保罗·R.尼文（Paul R. Niven）合著的，而今天这本书是由我自己独立撰写的。我相信，它将成为世界各国OKR教练的实战指南。同样也期待本书中文版能够得到中国读者乃至全球华人读者的青睐。

正如我在前言中提到的那样，我在中国有过一些OKR的经验，因此我和中国的一些OKR教练始终保持着联系。在他们之中，我要特别感谢的是本书的译者李靖。这并不仅仅是由于他的翻译，更是因为他为本书提供的很多只有真正的OKR专家才能提出的深刻洞察和卓识创见。正如你将在第3章中看到的，我建议对关键结果而非目标进行评分，而李靖为目标的评分提供了一个极佳的案例。不过，我们俩一致决定暂时不在这本书中呈现他对目标评分价值与方法的分析，因为还有更多OKR的课题等待着我们继续深入、广泛的探讨。

同样，我也非常希望通过本书邀请每一位读者，共同探索如何让OKR在飞速发展的中国发挥作用。本书中，我多次提到了OKR教练网以及众多世界各地的OKR教练。因为，写作本书不仅仅是为了单纯地指导OKR教练实践，我更希望它能够作为一支号角奏响序曲，让每一个对OKR教练事业充满热忱的人持续讨论、彼此分享、相互帮助。如果你英语流利，欢迎加入我组织的OKR教练社区www.okrscoach.network。

当然，如果你平日里更习惯于使用汉语，那么恭喜你，李靖作为我们OKR教练网的创始成员已经创办了中国OKR教练网www.okrscoach.cn，欢迎所有使用汉语的读者加入他组织的中国OKR教练社区。我和李靖将根据中国读者的兴趣和需求，在中国OKR教练网中分享OKR的培训课件、讲义、OKR制定模板等重要的资料。

过去我曾独自为几家中国企业提供过OKR教练服务。自2020年陈高岚（Catherine）加入我的团队，成为OKRs.com第一位讲汉语的教练后，我们就开始一起为华语区的企业提供OKR教练服务。在这里，我想分享一些我们从中国数十家企业的OKR实践中得到的发现。在其他国家，我们大多数客户都很关注挑战性的目标，比如"在年内将客户群扩大一倍"或者"至本季度末将我们的工程团队从100人扩充至110人"。不过，中国的增长速度似乎要比其他地区快得多。这两个关键结果可能会变成"在年内将我们的客户群扩大两倍"或"至本季度末将工程团队从100人扩充至200人"。也就是说，中国企业的目标要比其他国家的企业目标更具挑战性。

更令人惊讶的是，我们在中国的一些客户往往都能实现它们那些雄心勃勃的挑战目标。20世纪80年代我在甲骨文看到的那种设定挑战目标并勇于超越的理念，现在似乎已经成为众多中国企业的基本准则。本书中，我将关键结果的挑战值定义为10%的成功概率。不过，对中国那些有远大抱负的成长型企业来说，我们可能需要调整这个标准，比如将挑战值定义为25%的成功概率。因为对它们而言，25%比10%更有意义，能够更好地匹配它们勇于挑战的组织文化。无论如何，你要引导你的客户，让其积极思考那些能想象到的最令人振奋的成果。通过OKR教练辅导的基本问题，将挑战文化融入客户的血液之中，进而见证其发展。

最后，我想以一种私人的方式来结束这篇序言，同时也希望能够尽快结识你。尽管我曾周游世界并与世界各国的人们保持着联系，但只有我出生和成长的旧金山湾区才是我永远的家。同样，虽然我大多数的指导都具有普遍意义，但部分指导方针可能无法与某些文化产生共鸣。例如，在第3章第一项设计要素中，我分析了OKR设置层级的问题。我的建议是让每个人聚焦于团队或公司的OKR，而非制定个人的OKR。不过在中国，在个人层设置OKR可能同样会发挥积极作用，在本书中你将看到况阳对华为OKR对齐协同的阐述。

基于与中国同仁的探讨，我相信本书大部分内容都能够让中国的OKR教练产生共鸣。不过，在你阅读这本教练指南时，请勇敢质疑我的每一项建议。如果你发现任何问题，请与李靖联系。我和他会定期会面，研究如何帮助大家成为卓有成效的OKR教练，同时不断探索OKR在中国的最佳实践方法。当然，如果你英语流利，也可以通过www.okrs.com与我联系，同样欢迎你加入我的教练社区www.okrscoach.network。

推荐序一

OKR是一种结构化的目标管理方法，我从2015年开始在教学中向来自企业的管理者们介绍和推荐这种方法，经历了从一开始的响应者寥寥，到近几年开始流行的过程。我在欣喜之余，也担心OKR成为一种新的管理时尚，大家热情拥抱它一段时间后，又变得失望。之所以有这种担心，是因为我发现，一些企业实践者在听过我的课后，回到企业中推行的OKR，其实和他们过去实施的绩效管理方法并没有本质区别，而且效果并不尽如人意。我打趣地对他们说，猫还是那只猫，只不过被叫成了咪。

我反思，为什么在课堂上讲得很清楚的OKR方法，一旦被学员们使用，就走了样。可能有两个主要原因。第一，管理者们并没有从根本上理解和掌握OKR的本质，因此一旦需要结合自己企业的实际情况做调整，他们就不容易找到准确合适的方法；第二，我低估了OKR实施的难度，OKR不只是一种方法，实际上是在变革组织，需要有专业的人持续地帮助企业解决在实施中遇到的种种问题。有些问题颇具挑战性，即使在OKR专业圈内也在探索，企业没有外脑的帮助，很难突破。例如，如何做到OKR和考核解绑？这个问题可能阻碍了很多企业准确地实施OKR。

本书来得正是时候，通过教练帮助企业实施OKR，是行之有效的方式，可以让正在实施OKR的企业少走弯路，节省宝贵的时间和金钱。教练既包括专业的OKR咨询顾问，也包括企业内部对OKR已经有深入理解的管理者。本书作者本·拉莫尔特有丰富的OKR实战经验，在书中分享了很多宝贵的咨询经验，例如OKR先在组织中哪个层面开展更合适。同时，本书也包括来自世界各地的OKR教练们贡献的经验，兼顾了不同国家推行OKR时面临的挑战和难点。受本书启发，我也分享两点认识和体会，一个关于OKR的理论基础，另一个关于OKR和考核的关系，希望能帮助读者更好地掌握OKR。

OKR并没有统一的实施模板，但存在相对一致的理论基础。对这些理论基础理解得越深刻，推行OKR越不容易走样。OKR的理论基础主要来自管理大师彼得·德鲁克提出的目标管理理论，同时X-Y理论、目标设置理论、自我决定理论也影响了OKR的实践。X-Y理论反映了对人性的两种基本看法。X理论认为：多数人天生懒惰，只要可能就会逃避工作；多数人缺乏进取心，不愿承担责任，因此必须采取强迫命令、软硬兼施的管理措施。Y理论则认为一般人并不天生厌恶工作，在适当条件下，人们不但愿意，而且能够主动承担责任；控制和惩罚不是实现企业目标的唯一办法，组织可以通过使个人和组织目标融合一致，达到提高生产率的目的。德鲁克先生认为目标管理应该建立在Y理论的基础之上，如果上下级之间能协商并共同制定目标，那么下级就会对通过谈判确定下来的目标产生承诺。这样，上级就可以放松命令式的监管，让下级主动地去实现目标。德鲁克先生心中的目标管理是一种自我驱动型的管理方式。但是，不少公司在实践中，违背了这一核心理念，变成了上级给下级下达指标，过分强调经济动机，把目标完成情况和经济收入紧密挂钩的方式。OKR是对德鲁克先生提出的目标管理实践的回归与创新。

目标设置理论指出，目标本身的特点影响对人们的激励和工作绩效。目标设置理论有两条简洁有力的研究成果：第一，有具体的目标好过没有具体的目标；第二，有挑战性的目标胜过一般的目标。这两条看起来简单，但在实践中运用好，并不容易。例如，目前很多企业实施的绩效考核政策，由于目标完成率决定了考核得分，下级会千方百计争取容易完成的目标，实际上妨碍了制定有挑战性的目标。目标设置理论对于OKR所强调的目标聚焦，以及设置有挑战性的目标有很大的影响。自我决定理论重视内在激励对于员工工作绩效的影响，尤其认为内在激励对于创造力很重要。内在激励和外在激励相对应，外在激励是指物质奖励，而内在激励和工作本身有关，主要包括自主、成长和意义三个方面，对应人们能自主地决定如何开展工作、在工作中获得综合能力的提升、感到工作的重要性。OKR把自我决定理论应用到目标管理中，突出内在激励三个方面的重要性。例如，重视企业使命，强调让员工了解目标对于组织、客户甚至社会的意义；给员工提供公开透明的工作氛围，重视实现目标过程中的交流沟通；重视通过交流反馈，让员工在实现目标的过程中有学习的机会，感到自己能力不断有提高；在制定目标的时候，鼓励员工自主制定目标或完成目标的计划，减少由上而下的目标指派。

OKR并不是万能灵药，也有适合的场景。OKR最适合的场景，是目标和实现目标的过程，两者不确定性都强的情况，这也是OKR在特别需要有创新的公司或工作中率先得到应用的原因。OKR有一个特点常常困扰实践者，即OKR和考核分开。人们常常会问，如果不考核OKR，怎么能保证得到结果？其实，OKR和考核分开的本质，是强调对努力方向和关键过程的重视，如果方向正确，过程做到位了，大概率得到好的结果。对此,我想用一个例子来类比说明。我有一位同事,他的孩子在2019年高考中发挥非常出色,考进了北京市前100名,被清华大学录取。我向他请教经验,他告诉我,一定要重视错题本。他的孩子每周复盘错题,考试准备阶段再重点关注易错题,反复练习,不断提高。在这个例子中,考进清华大学是目标,高考成绩是结果,定期复盘错题是关键过程。我的这位同事对孩子的错题本没有什么考核,如果用错误率来考核,孩子就没有动力记录错题,或者平时选择做容易的题目,错题虽然少,但在正式的考试中,就没有办法获得好成绩。我曾经问过这位同事,孩子是怎么养成认真对待错题本的好习惯的,他回答,从小抓起。只有孩子从内心中重视学习,并养成好的学习习惯,稳定而出色的成绩才有保证。尽管孩子教育不能完全套用到企业管理上,但这个例子对深刻理解OKR,很有启发意义。

OKR和考核分开后,考核就不能根据目标完成率来进行了,但仍然需要根据实际情况,对被考核对象的最终结果进行评估,有两种常见的方法。一种是通过客观指标对结果进行相对比较,即和竞争对手相比,或者和过去的表现相比。例如,销售收入的目标是12亿元,但实际达成10亿元,虽然目标完成率是83%,但和竞争对手相比排名前列,或者比去年同期的销售收入有显著的增长,考核被评定为优秀。不过,这种存在客观指标,却不和目标完成率挂钩的方式,很多企业觉得难以理解,不好操作。因此,在实践中,企业往往还是习惯于制定目标基准线,超出基准线部分,采用额外奖励的方式。例如,我和一位企业管理者交流时了解到,集团公司将他派到一家多年亏损的下属公司做一把手,他去了以后,发现市场的压力传导不到下属公司的员工。他通过转变思想,调整采购和销售人员,修改奖励政策,当年就实现了扭亏为盈。他说,以前人们的思想是盯着保守的目标。因为完成集团下达1个亿的目标是完成目标,完成集团下达10个亿的目标也是完成目标,差异不大,缺乏有力的增量奖励机制，所以人们习惯于亏损，目标越低越好。他提出了要增量，而且实施了增量和奖励挂钩的政策，激发了员工的工作积极性。我提这个例子，是因为这种方式符合大部分企业的现状，在国内今后一段时期内，可能比相对比较的方法更普遍地存在。另一种是没有客观指标，那么就不可避免地需要通过人的主观判断来决定。由于一个人的主观判断可能存在偏差，所以往往引入多个人组成的小组对定性的指标进行评价，减少个人的偏差。例如，华为公司对技术研发系列员工的考核，是先由多名相关同事进行评估，接下来直接上级在同事评估的基础上打分，然后再通过绩效校准会确定最后的考核得分。不过因为依赖人的主观判断，所以在一些组织，也催生了各种形式的印象管理的现象，尤其是向上管理领导对自己的印象。

  本书的译者李靖先生具有丰富的 OKR 实战经验，他精通和热爱 OKR，并于近期成立了中国 OKR 教练网，构建专业社群，在国内推广 OKR。我和李靖先生也计划开展 OKR 的专项研究工作，通过实证研究构建 OKR 特征的评价工具，积累 OKR 如何有效影响组织和员工绩效的证据。我相信，OKR 在国内有一个光明的未来，能够成为广大企业制定和执行目标的有力工具。

张勉

清华大学经济管理学院领导力与组织管理系副教授

2022 年 1 月 22 日

推荐序二

五年前,本·拉莫尔特出版了全球首本OKR实操书《OKR:源于英特尔和谷歌的目标管理利器》(*Objectives and Key Results: Driving Focus, Alignment, and Engagement with OKRs*)。时隔五年,本结合他自己和全球其他OKR专家的企业实践,创作了《OKR教练实战手册》一书,这是全球首本写给OKR教练的书。

这本书就像是及时雨一样。当前,无论是在国外,还是在国内,OKR都受到了企业管理者的广泛欢迎。放眼望去,一多半的企业,要么已经采用了OKR,要么已经在采用OKR的路上。就连不少政府组织,也都在积极地拥抱OKR。OKR正成为组织自我革新的良方。于很多企业而言,OKR是新事物,一方面它结构简单,一目了然,但另外一方面,正如大多数管理变革一样,其推行之路又远没有看起来的那么简单。这也就难怪很多企业在开展OKR的过程中,会遇到各式各样的问题了。他们亟需专业OKR教练的帮助。本的这本《OKR教练实战手册》来得正当时,诚如本在书的前言中写道:

"如果你是一名管理咨询顾问,以OKR外部教练的身份为客户提供OKR的培训或咨询服务,那么这本书正是为你量身定制的……

如果你在自己的组织中负责OKR的推动工作,或者正在思考如何在自己的组织中运用OKR,那么事实上你就是一名OKR内部教练,同样可以从本书中获益。"

一言以蔽之,这本书是企业内外部OKR教练的福音,能够系统地帮助他们掌握OKR辅导落地的各种专业技能,少走弯路,让OKR推行得更加顺利。

我与本相识于2016年初他出版《OKR:源于英特尔和谷歌的目标管理利器》一书之后。当时我在华为开展的OKR试点,还处于刚刚起步阶段,很多地方都在摸着石头过河。在如饥似渴地搜罗了一切能搜罗到的OKR信息之后,我发现了本的《OKR:源于英特尔和谷歌的目标管理利器》一书,于是很快地从美国亚马逊网站上购买了一本英文版。拿到之后,我如获至宝。在读完之后我更是激动不已。本在书中详细地介绍了OKR实操的很多细节,包括OKR在企业的具体案例,OKR如何评分,都做了详尽的描述,对于摸着石头过河的我们而言,这帮了我们很大的忙。再后来,机械工业出版社拿到了《OKR:源于英特尔和谷歌的目标管理利器》一书的中文版权,希望能有一位懂OKR的企业界专业人士把它翻译出来奉献给中国读者。编辑张竞余联系上了我,我毫不犹豫就答应了这桩差事。我的想法很简单,如果不仅能在华为点燃OKR的星星之火,还能让OKR尽可能在更多企业去燎原,何乐而不为呢?此后,在翻译过程中,为了更加忠实于作者的本意,我邮件咨询了本,就书中的诸多内容进行了请教,他也都做了回复。自此,我们初步建立起了友谊。

2017年初,我被调往华为深圳总部负责OKR在公司的推行。为了帮助华为更多HR和管理者系统了解OKR,我再次联系了本,邀请他到华为做一次专场分享，本愉快地答应了。2017年5月，本开启了他的华为之旅，我们一起共进晚餐，探讨了很多OKR话题；我们还邀请他参观了华为的智慧城市展厅，华为的技术实力让他惊叹不已。我们最终为本安排了两场OKR分享：一场面向公司总部人事绩效管理工作的HR、CEO，大家就OKR话题进行了深度的学习和探讨；一场面向公司高层管理者，并同步进行了全球线上直播。在我们开展了OKR试点半年之后，本的这场分享给我们带来了很多新的启发。从某种程度上说，本的分享，帮助我们把华为的OKR推进到了一个崭新的阶段。

此后，我一直与本保持着联系，他也会时常问起我在华为开展OKR的情况。在我写作《绩效使能：超越OKR》一书期间，本也给了我很多很好的建议。我们就像是一对超越地域限制的OKR搭档一样，在不同的国度致力于相同的目标——OKR在企业的系统推行。2018年底，本告诉我，他准备写一本OKR教练方面的书。他计划在书中汇集更多的OKR案例，以系统地指导OKR内外部教练更好地帮助企业开展OKR。他也邀请我分享一些华为的OKR实践，我欣然应允，并很快用英文描述了一个华为OKR开展的小实践发给了他，本把它整理汇集在了《OKR教练实战手册》一书中。当《OKR教练实战手册》终于成稿，并经李靖在2022年翻译成中文版后，张竞余把译稿发给了我。我完整地通读了一遍。虽然我对本的这本书有不少了解，但再一次，我越读越兴奋，本在这本书中，把OKR辅导方法讲解得既系统又深入浅出，辅以大量的企业实践案例，非常有场景感，不空洞。这不正是当下OKR从业者正在努力寻找的OKR教练书吗？即便是像我这样浸泡在OKR领域多年的OKR老人，读完之后仍觉获益良多。

迄今为止，我还从来没有正式为他人的书籍写过推荐序，本的《OKR教练实战手册》是第一本。我强烈推荐它，一方面是因为这本书确实写得太好了，另外一方面也是基于我对本的了解，他是我所见过的为数不多的真正地把OKR推行当作自己使命的OKR教练,他有近10年的OKR从业经验,其间辅导了大量硅谷企业高管。更值一提的是,李靖的中译本翻译得非常通俗易懂,由于我自己曾经也做过翻译,我深知用心翻译一本书的艰辛,要特别感谢李靖。

OKR在中外企业界已经燎原,但OKR要真正在企业中产生长久的实效,造就更多的"字节跳动",还需要众多OKR内外部教练一起努力。《OKR教练实战手册》来得正是时候,强烈建议OKR从业人员都读一读,你一定能从中获益不少。

当前OKR在企业界的开展情景,就如同诸葛亮草船借箭中的场景一般,"万事俱备,只欠东风"。企业界对OKR的拥抱程度已然就位,就只差专业OKR教练的这阵"东风"了。OKR内外部教练们,行动起来,用更卓有成效的OKR辅导技能,成功地从老旧的目标管理世界借取十万利箭,打赢OKR和老旧的目标管理的赤壁之战吧!

况阳

《盖亚组织》《绩效使能:超越OKR》作者

2022年1月于南京

译者序

"每次OKR的跟踪会议都让我感到沮丧!"作为一家知名车企的人力资源负责人,陈总的话让我的心情变得复杂。他和我年龄相仿,每次见面的时候,脸上都洋溢着笑容,惺惺相惜之情溢于言表,但他的眼神却掩藏不住内心的无奈与苦涩。微微耸起的双肩,让人依稀看到他背负的重担。

陈总多年前开始痴迷于OKR,用他的话来讲,他看遍了国内所有的OKR书籍,参考了数十篇国外网站上关于OKR的专业文章,他不但四处参加学习,还邀请过几位国内略有名气的老师到企业授课,甚至还开设了个人公众号,分享自己OKR学习实践的心得。一年前,他与CEO力排众议,决心将OKR作为组织创新的突破口,计划在部分团队的试点成功后大力推广。

然而,事与愿违,OKR在历经大半年的试点后,陷入了困境。一是经营层对OKR始终没有达成共识,加上实践中OKR与KPI并行的情况,给团队造成了大量的困扰。二是由于缺乏OKR教练的辅导,管理者不清楚如何才能应用好OKR，在具体实践上也缺乏相应的技能；每次OKR的跟踪会议就像是冗长的进展报告，员工觉得对自己帮助不大。三是OKR要执行的日报、周回顾、月复盘、季评估等，让大家觉得是日常工作以外的沉重负担。

　　实际上，这家车企的经历并非个例。可以说大多数积极拥抱OKR的企业并没有从中受益，这一点可以从我们近年来服务的客户中得到反映。事实上，我们辅导的绝大多数客户都不是首次导入OKR的企业，而是在运用OKR一段时间后陷入了困境的组织。其中，有的是自己组织学习并导入的，还有更多的是在外部教练的辅导之下推行的。它们与许多浅尝辄止、偃旗息鼓的企业不同，它们并没有否定OKR的价值，依然坚定地认为OKR适合自己，但实际运行的结果却是流于新的形式，甚至造成了组织内部的混乱，浪费了企业的时间，牺牲了团队的努力，还损害了员工的信任……这些残酷的现实与当初拥抱OKR的热情形成了鲜明的反差，令人倍感遗憾。

　　中国企业始终不缺乏学习先进管理方法的热情，几乎每一种舶来的新方法都会被热情追捧。市场的推波助澜，又会让更多的人趋之若鹜。而在一次次的狂热过后，真正能从中受益的却始终是凤毛麟角，究其原因，恐怕不能简单地作答。

　　一个最重要的原因可能是——断章取义。人们热衷于OKR往往是因为它看似简单的结构：O（目标）和KR（关键结果），殊不知，OKR简约但不简单。我在辅导企业的高管工作坊时，常常会告诫："我们想复杂了，团队运用就会简单；我们想简单了，团队用起来就会复杂。绝不能想当然！"而现实中，很多企业仅仅基于对OKR基本框架的了解，经过几个模拟的练习之后就大刀阔斧地推而广之，完全忽视了令OKR发挥作用的底层逻辑与核心思想，而这些内在因素恰恰才是OKR的灵魂所在。

　　另一个重要的原因可能是——囫囵吞枣。大多数企业对OKR的热情来自知名企业的成功案例。它们渴望通过效仿这些企业的方法，复制别人的成功。因此一味盲从、照搬照抄，把知名企业的种种做法奉为圭臬，对其顶礼膜拜，而丝毫不考虑自身的实际情况，坚持所谓的"先僵化再优化"。殊不知，彼之蜜糖，汝之砒霜。一味复制技术的邯郸学步不可能学得像，必然会遇到障碍；而一旦遇到了问题，要么草率地调整使得OKR异化，要么武断地得出结论，认为OKR不适合自己的组织，继而偃旗息鼓。

本书作者本·拉莫尔特和保罗·R.尼文在《OKR：源于英特尔和谷歌的目标管理利器》一书中，给OKR下了这样的定义："OKR是一套严密的思考框架和持续的纪律要求……"我们不妨把这句话简单地理解为：好方法和好习惯。毫无疑问，好习惯自然是为了运用好方法。而对好方法来说，我想至少应该具备这样一些条件：①建立在系统的理论基础之上，具备内在的底层逻辑；②经过大量实践的验证，行之有效；③具有广泛的适用性，可以匹配不同特质的组织。

对这个标准而言，大多数企业缺乏理论与实践经验兼备的专业人才，也无法投入大量的人力结合组织的特质进行专项研究，更不可能消耗宝贵的时间盲目探索。它们自然希望求助于外部。然而，没有对OKR的深入认知，必然缺乏判断和甄别外部教练的能力。唯一的方法是看名气，碰运气。这无异于病急乱投医，后果可想而知。

令人欣慰的是，随着OKR广受关注，中国有越来越多的专业人士投身于这个领域，我们不断看到越来越多关于OKR的文章，该领域的出版物也如雨后春笋般不断涌现，为组织深入学习OKR提供了滋养。遗憾之处在于，这些内容有的只是基于作者个人的理解，大家观点各异，甚至不乏矛盾和冲突；大多数专著系统性不足，对OKR的阐述仅仅侧重于少数的维度，难免以偏概全；最让人义愤的是，有些既不具备理论基础，又没有实践经验的作者，用剪刀加浆糊七拼八凑出一本书，贻害不浅。这一切，无疑又模糊了读者的判断标准，增加了企业实践的难度。

令人鼓舞的是，当今世界OKR实践经验最丰富的教练——本书作者本·拉莫尔特先生创办了OKR教练网，吸引了来自全球数十个国家和地区最优秀的OKR教练，并通过OKR教练网广泛地开展交流，总结彼此的经验教训，进而提升OKR在世界各国的实践水平。作为OKR教练网的创始成员，我有幸与世界各地卓有成效的OKR教练交流，被他们的坦诚、执着和无私奉献深深打动。本书正是在这样的背景下，凝结集体的智慧和经验升华而成的。感谢本·拉莫尔特先生和机械工业出版社华章分社的信任，把这部独出机杼的压卷之作交给我翻译。第一次看到本书的手稿时，我立刻被其中的内容深深吸引，不忍释卷。我对华章的编辑张竞余和孟宪勐说："翻译这本书对我来说，不是劳作，而是享受。"的确，翻译本书的过程，就是我细致梳理和深入反思的过程，使我获益良多。

对企业战略的实现和组织的进化而言，OKR无疑是最能适应这个时代的管理体系。我们中国的企业理应将其吸收并内化，而这个愿望的实现，有赖于一个深刻把握OKR底层逻辑与核心思想、熟练掌握OKR实践技术并可以创造性地开展工作的教练团队。毋庸置疑，今天摆在我们面前的这本书，将让我们少走很多弯路，避免付出不必要的代价。对企业来说，本书可以作为培养OKR内部教练的教材，也可以作为选择OKR外部教练的标准。对OKR的外部教练和专业人士而言，本书所凝结的经验，无疑可以让你保证基本面的正确，避免重蹈他人的覆辙。

管理是复杂的，不可否认，任何观点和经验都有其局限性，这也正是我们每一次面对新客户、新项目时，敬终慎始、如履薄冰的原因。我们期待越来越多的中国企业能够培养出自己的OKR内部教练，并从中获益；我们期待中国涌现出更多专业的OKR外部教练，助力民族企业的创新发展；我们无限期待中国的OKR教练能坦诚交流，共同探索中国OKR实践的道路！这是我们这一代人的责任，也是我们这一代人的幸运！

李靖

2022年1月6日

The OKRs Field Book

前　言

本书为谁而写，为什么要阅读本书

本书是第一本献给 OKR 教练的书，它并非 OKR 的入门读物，我写这本书的目的是，帮助 OKR 外部教练和 OKR 内部教练提升自己的专业技能。

如果你是一名管理咨询顾问，以 OKR 外部教练的身份为客户提供 OKR 的培训或咨询服务，那么这本书正是为你量身定制的，它可以帮助你更好地辅导客户顺利导入 OKR、有效落地 OKR。

如果你在自己的组织中负责 OKR 的推动工作，或者正在思考如何在自己的组织中运用 OKR，那么事实上你就是一名 OKR 内部教练，同样可以从本书中获益。

要想通过本书取得最大收益，你应该先阅读克里斯蒂娜·沃特克（Christina Wodtke）的《OKR 工作法》、我和保罗·R. 尼文合著的《OKR：源于英特尔和谷歌的目标管理利器》，以及约翰·杜尔（John Doerr）所著的《这就是OKR》。这三本书都是OKR领域极佳的普及性读物，全面介绍了OKR的基本概念、目标与关键结果的联系和区别、OKR的历史渊源、运用OKR的收益，以及OKR的成功案例等基本内容。不过，几乎所有的OKR教练都渴望能够更深入地理解和掌握OKR。无论是我的同事，还是客户，都在努力探究更深层问题的答案。以下是其中常见的10个典型问题[一]：

1. 如何在有数百个部门的大型组织中推广OKR？
2. 如何制定团队的OKR并确保跨职能的协同性，而非简单地通过组织结构图定义运用OKR的团队？
3. 法务、人力资源、财务等职能部门如何从OKR中获益？
4. 如何将OKR整合到绩效管理系统中？
5. OKR和KPI的联系与区别有哪些？
6. 什么情况下OKR不能带来价值？
7. 我们如何确保大多数OKR反映的是团队的思维而非老板的命令？
8. 我们如何避免OKR沦为"待办事项清单"？
9. 某些员工看不到自身工作对公司层OKR的贡献怎么办？
10. 如何引导高层OKR工作坊起草高层的OKR？

上述问题并没有统一的标准答案，因为提出问题的组织各有不同。令人振奋的是，本书将为你提供一揽子工具，帮助你结合客户的实际情况，解答他们个性化的问题。我之所以把这本书称作"实战手册"，是因为它聚焦于OKR核心本质的建议、实用的技巧和便利的工具，可以让你在真实的应用场景中游刃有余，获得自信。比如：书中提供了制定OKR的讲义范本、跟踪OKR的表格模板，以及包含细节提示的OKR工作坊流程。

[一] 你可以在附录中得到这些问题的解答。

本书结构与最佳使用方法

你可以通过本书五个章节循序渐进的指导,帮助客户获得OKR实践的成功。本书对OKR教练的各项指导依照时间顺序依次展开,你自然可以从头至尾阅读。不过,最佳的方式是让它成为你手边的参考,为你系统掌握OKR教练的方法提供及时的帮助。本书每一章都从实践技巧的讲授开始,直到最后通过一个练习帮助你把理论知识转化为实践能力。练习可以帮助你认真思考自己的OKR教练方法,通过批判性思维进行反思,你可以把书中的概念内化为自己的能力,进而以自己的风格为客户提供OKR教练服务。如果你是一名渴望进步的OKR教练,那么现在就去完成前言后面的练习吧!

第1章是本书的基础,分析了为什么当今OKR教练如此重要,并首次通过完整的定义呈现了OKR教练的各项特征。

第2章概括了OKR实践中的9个角色、3个阶段,并对OKR教练辅导的周期提出了建议。OKR的9个角色包括:①OKR外部教练,②OKR内部教练,③OKR项目经理,④OKR协调员,⑤HR负责人,⑥高层发起人,⑦团队负责人,⑧团队成员,⑨KR经理。OKR的3个阶段分别是:①系统设计,②导入培训,③全周期辅导。本书将为每个阶段提供深入细致的指导。

第3章是第一阶段——"系统设计"的操作手册。作为一名OKR教练,全面理解并系统掌握这些内容是最基本的要求。无论在什么情况下,在导入OKR之前,你都必须解答以下10个基本的问题:

1. 我们在哪些层级应用OKR,高层/公司层、团队层,还是个人层?
2. 我们应该制定多少个OKR,应该如何平衡内部目标和外部目标?
3. 我们如何给OKR评分,如何更新进度?
4. OKR的周期应该多长时间?
5. 关键结果的三种类型分别是什么,里程碑型关键结果合适吗?

6. 我们应该在哪里起草、发布和跟踪OKR，使用什么模板？

7. OKR如何与绩效评估相关联？

8. OKR与KPI有什么区别？

9. 如何确保OKR的对齐？

10. 如何确保大多数的OKR基于"自下而上"？

明确了以上关键问题，你才可以进行OKR的系统设计，进而提供OKR的培训。

第4章是第二阶段——"导入培训"的操作手册。你将学习三种OKR工作坊的实践流程，这些方法已被证明是行之有效的。工作坊可以激发人们的热情，通常也可以产出一系列规范的OKR。不过，前两个阶段只是达到终极目的的基本手段。要想成为一名真正的OKR教练，你必须深入辅导客户至少一个周期。

第5章是第三阶段——"全周期辅导"的操作手册，指导客户完成OKR周期中的三个步骤：① 制定和对齐，② 跟踪和监控，③ 反思和重设。除了对每个步骤和实施过程中可能面临的问题进行分析之外，本章还包括OKR教练课程的实况摘录。我还会呈现一个客户的真实案例，说明如何在OKR周期的每一步进行有效的跟踪。

后记分享了OKR教练网（the OKRs Coach Network）会员专享的内容，包括：① OKR教练提出的问题，② 你可以马上和客户一起使用的制定OKR的讲义范本，③ 无效和有效关键结果的示例。最后，我们将通过两个故事完成本书，OKR教练可以从中学习到至关重要的经验教训。说到这里，就让我们开始相互了解吧！

我和OKR的故事

我第一次见《OKR工作法》的作者克里斯蒂娜·沃特克时，她问我为什么要投入OKR的事业，又是怎么开始这项事业的。她的问题触动了我，这是我第一次思考为什么自己会成为一名OKR教练。她告诉我，与其他OKR教练交流最好的开头，莫过于分享彼此OKR的故事。所以，每当我结识一名OKR教练，我就会从自己的经历谈起。现在，我要跟你聊聊我和OKR的故事了，期待也能听到你的。㊀

一切还要从我20多岁在斯坦福大学攻读管理科学与工程博士学位的时候谈起。那是20世纪90年代末，我刚刚完成了所有的课程，正准备着手写论文。可一想到斯坦福所在区域不断上涨的房价和我作为大学助教可怜的收入，就不免为自己未来几年的生活感到担忧。于是，我决定退学找份工作。很幸运，我被一家知名的咨询公司看中了。不过，我却很担心我的导师迈克尔·费林（Michael Fehling）会不准许我离开。于是我问他："这份工作适合我吗，您支持吗？"迈克尔对我说："**只要你花时间自省，进行批判性的反思，你就一定会做得很好。**"

迈克尔是对的。在咨询公司的第一年，我每周工作80小时，根本没有时间进行批判性的反思。我花了大量时间编辑PPT，链接数据库中的表格，在电子表格中批量处理数据。我日复一日埋头做着那些公司要求我做的事情，尽管掌握了不少实践技能，但我完全没有时间进行批判性的反思。于是我选择了离开，转而加入一家实力雄厚的互联网创业公司。

从咨询公司到互联网创业公司，一晃10年过去了。2010年，杰夫·沃克（Jeffrey L. Walker）向我介绍了OKR。他是甲骨文的创始人，曾经在20世纪80年代末甲骨文飞速发展期间担任CFO。当时，杰夫在甲骨文用的就是OKR。可贵的是，他教导我，要想获得真正有效的沟通，就要不断聚焦于那些令人渴望的成果，而不是通过待办事项清单上的项目或任务进行交流。2011年，在杰夫的指引下，我开始了自己的OKR旅程。

㊀ 通过前言后面的练习，你可以了解如何介绍自己的OKR故事，获得更多细致的指导。

我第一次为客户提供有偿的OKR教练辅导源自这样一项需求："支持多个业务单元的几十个部门创建KPI（关键绩效指标）和绩效指示板。"我收到一份长达20页的战略文件，里面挤满了KPI、战略支柱和优先事项。这份文件令我感到茫然，于是我又重读了几遍，然后运用OKR的框架对其中的内容进行了梳理和描述。当我在一张纸上以OKR的形式呈现出战略，并拿给CEO和CFO时，他们眼睛亮了，马上要求我用同样的方式为每个业务单元和部门创建OKR。

在我为客户讲授的第一堂OKR培训课程中，我迎来了自己职业生涯的转折点，标志就是在辅导中涌现出的批判性思维。我第一次意识到，我从事的是一项可能改变游戏规则的事业。参与这次付费培训的有40位经理人，几乎每个人给我的反馈都比我以往接收到的积极10倍。我意识到，自己正在做一件大事！以前的模式是经理通过提问来获取数据，从而支撑他们老板的财务模型，而这一次，我告诉中层经理如何提出一系列不一样的问题，而且这些问题应该由他们自己解答。来看看下面的例子：

- 我们的团队为何存在？
- 对我们来说，要想在近期取得可衡量的进展，最重要的领域是什么？
- 我们如何知道自己已经达成了目标或取得了可衡量的进展？

这些问题正是杰夫·沃克向我介绍OKR时所问的问题，令我内心深感震撼。[1]这些问题迫使人们运用迈克尔教授提倡的批判性反思。我意识到，伟大的导师和教练往往强调的是提出问题，而不是给出建议。

尽管当时没有"OKR教练"这样的工作岗位，但我还是设法找到了自己最满意的工作。我加入了Betterworks，一家OKR软件公司。

对我来说，加入Betterworks五个人的团队是非常难得的机遇，因

---

[1] 更多关于OKR的问题请参考后记中的"OKR教练的提问"。

为这个初创团队正处于前期融资的阶段。就在我入职几个月后，传奇的硅谷投资人、被誉为OKR布道者的约翰·杜尔向我们这家年轻的公司注资1200万美元，这是他自投资谷歌以来最大的A轮投资！

我为Betterworks的客户提供培训，帮助他们制定OKR并将其加载到我们软件的早期版本中。我花了大约两天时间辅导一家客户的几个团队。虽然客户的反馈很积极，但Betterworks的CEO并不高兴。因为软件公司是通过交付可复制的技术而不是耗时的服务来获得高估值的。事实上，Betterworks的领导层希望我能够在几小时内辅导完客户所有的团队，而不是花几天时间才辅导其中的一部分！

正因如此，我在2014年离开了Betterworks，创立了OKRs.com，决定专注于OKR教练的事业。尽管自我感觉方向是对的，但我却不得不面对三个现实的困扰：①我缺乏稳定的收入来源，②很难找到需要OKR教练的客户，③我没有营销预算。当时，几乎没有人听说过OKR，所以我决定暂缓实现自己的梦想，去做一些与OKR无关的咨询工作。这种感觉令人不适，于是我去找了杰夫·沃克。

杰夫：哪些事你最得心应手，既有意义，又有商业价值？

我：OKR教练。

杰夫：你平均每周做多长时间OKR的辅导？

我：三四个小时吧。

杰夫：那你为什么不做30～40小时呢？

我：不大可能，客户付钱给我是让我为他们构建财务模型。

杰夫：别再做其他事情了，开始专注于OKR教练的事业吧。如果你得不到报酬，那就免费。把尽可能多的辅导作为你的目标，无论是免费还是付费。如果你能增加商业价值，人们一定会为它买单。而且，一旦你能提供显著的价值，你就会发现这个市场到底有多大。

短暂的交流让我接受了杰夫提出的挑战。我开始为人们提供免费的

OKR辅导，无论是谁，只要他肯给我一个小时。在那段日子里，我录了数十场辅导课程。然后不断重听每一段录音，把其中有把握的部分转录下来。我还用迈克尔教授在斯坦福教给我的"左手栏"练习（LHC），分析自己在哪些地方陷入了困境，哪些地方取得了突破。㊀这的确花了我一段时间，但最终让我确认了OKR教练的价值。

自那时起，我全神贯注于OKR教练的事业。2015年，我获得了一点收益。2016年，我实现了真正意义上的盈利。那一年，我与保罗·R.尼文合著了《OKR：源于英特尔和谷歌的目标管理利器》。2018年，我几乎已经无法满足市场对教练服务的需求。因此，我扩大了团队，迪克兰·雅普坚（Dikran Yapoujian）加入了进来。㊁在迪克兰取得成功的基础上，我开始指导更多的OKR教练。2018年年中，许多来自世界各地的OKR教练与我联系，咨询如何卓有成效地为他们的客户提供OKR教练服务。

本书囊括了卓有成效的OKR教练所需要的基本内容，这些内容来自过去10年中数百个组织的OKR教练项目以及OKR教练社区的贡献。书中"我"指的是本人——本·拉莫尔特。"我们"指的是OKRs.com的教练团队。

OKR教练应该了解的趋势

2016年出版的《OKR：源于英特尔和谷歌的目标管理利器》至今仍具有重要意义，我们从中学到了很多，但同时也看到了一些重大变化。我们认为，在你开始学习OKR教练的具体内容之前，应该先了解以下7个发展趋势。

㊀ 关于"左手栏"的更多内容，请参见第1章的末尾。
㊁ 更多关于迪克兰的信息，请参见本书末尾的贡献者简介以及第5章中的指导建议。

（1）**组织正在推迟在个人层面上设置OKR。**早在2016年，我们有近一半的客户在一开始就希望在公司层、团队层和个人层全面设置OKR。[一]而今，大多数组织都接受这样一种原则：我们应该从最高层开始设置OKR，而且在设置个人OKR之前，应当先在几个团队中进行试点。我们几乎所有的客户都认为，不应该强制要求所有个人都去设置OKR。从我们的角度来看，这是一个巨大的进步。本书第3章将分析组织中设置OKR的层级。

（2）**组织愿意用更长的时间逐步推行OKR，循序渐进。**2016年，相当多的组织希望仅仅通过一两个电话或一次简短的工作坊就能导入OKR，它们并不需要持续的辅导。而今天，几乎所有组织都渴望得到持续的支持，从而能够确保它们至少在一个完整的周期内成功运用OKR。本书第2章介绍了我们如何用8～12个月的时间圆满完成OKR的教练辅导。

（3）**将OKR作为"批判性思维框架"已经成为广泛的共识，即使是那些没有正式运用OKR的组织也这样认为。**[二]我们最近有一些客户正在运用OKR的规则优化他们现行的目标管理系统。事实上，一些发展更为成熟的客户（比如美国银行业的巨头）早已运用了KPI、MBO（目标管理）和平衡计分卡等目标管理系统，但他们总觉得还差点什么。不过，他们也向我们表达了自己的担忧，担心导入OKR系统可能会引发某种倒退。可以想象，在现行目标管理系统的基础上，添加另一套管理系统难免增加管理成本。尽管如此，这些组织还是要求我们提供培训，从而让

[一] 人们产生在公司、团队和个人三个层面运用OKR的想法，是因为受到了2014年谷歌创新工作坊的启发，在录音中瑞克·克劳（Rick Klau）说明在3个层面都存在OKR。不过，到了2017年11月，克劳通过Twitter澄清："应该彻底舍弃个人层面的OKR，特别是对于那些初创的或规模较小的公司来说，这完全是画蛇添足。人们真正应该做的，是聚焦于公司和团队层面的OKR。"因此，暂缓甚至"完全舍弃个人层面的OKR"的做法成为今天人们的共识，也就不足为奇了。

[二] OKR的定义如下：OKR是一套严密的思考框架和持续的纪律要求，旨在确保员工紧密协作，把精力聚焦在能促进组织成长的、可衡量的贡献上。

员工更多地关注结果,并把他们的日常工作与组织的总体战略联系起来,哪怕只是在日常工作中把目标设定做得更好。

因此,我们为这些尚未正式导入 OKR 的组织提供 OKR 教练辅导。我们告诉大家,作为 OKR 教练,我们将通过结构化的问题,引导他们优化现有的目标设定流程。我们会问一些基本的问题,比如:①"为什么这个目标现在如此重要?"②"到了年底,你怎么知道自己达成了目标?"③"各项任务预期的结果是什么?"这些问题驱使人们进行批判性的反思,自然而然地帮助他们改进了现有的目标设定体系,虽然我们并没有把它叫作"OKR"。与这类客户合作,我们提供的是特别的专项辅导,而不是本书第 3～5 章中呈现的全周期辅导。

(4)组织 OKR 的数量呈下降趋势。回想 2011 年,我们经常听到,一个组织设定目标的最佳数量是"5±2"个。也就是说,目标最少是 3 个,一般应该是 5 个,最多不要超过 7 个。到了 2016 年,我们大多数客户的目标是 3～5 个,每个目标有 4～5 个关键结果。而到 2020 年,几乎我们所有的客户最多都只设定 3 个目标,每个目标只有 2～4 个关键结果。我们认为这是非常积极的进步,因为 OKR 就是驱动人们聚焦的,"少即是多"的信条正在得到越来越多人的认可。

(5)把"目标描述"改为"为什么现在"。早在 2016 年,我们就建议在每个目标之后加上一个"目标描述"。⊖这让我们的客户有些困惑,所以并不是每个人都采纳了这个建议。到 2018 年年中,我们所有的客户都采用了"为什么现在",而不是"目标描述"。大家用 3～5 个句子说明为什么这些目标现在如此重要。尽管这种对"为什么"的强调往往是感性的,但它统一了人们的思想,激发了员工的动力,从而能够确保大家在花费大量时间制定关键结果之前,把握目标的本质。

⊖ 请把"目标描述"想象成"目标存在的理由,就像是给 CEO 的一个备注,给出你设定这个目标的解释"(参见《OKR:源于英特尔和谷歌的目标管理利器》)。

从"为什么现在"开始，总是能给人们带来价值。许多客户反映，用"为什么"的方式开始，澄清目标当下的重要性，是他们运用OKR最大的获益。领导层也总会在呈现关键结果之前，用整幅幻灯片完整分析"为什么现在"的问题。

（6）OKR周期延长为4个月。尽管常规的做法都是以季度为OKR的周期，不过，从2019年开始，我们有近一半的客户将OKR周期调整到了4个月，以避免假期等因素导致工作时间缩短的影响。以季度为周期的组织通常在2月中旬甚至下旬才发布第一季度的OKR。这样一来，在制定第二季度OKR之前，它们只有几个星期的实施时间。此外，出于暑假的缘故，它们通常还会在7月再经历一次延期。很多因素都会让人们感到时间紧张的压力。

销售团队通常专注于在季度内完成任务，而其他团队比如财务部，可能刚好在一个季度开始的时候忙于结账。一个充斥着更多其他工作的OKR周期很可能会让人们不堪重负，加剧了周期的紧张。将周期由3个月调整为4个月的团队普遍反馈，他们更倾向于每年3个OKR周期，而不是4个。

（7）组织正在调整方法，以应对2020年开始的全球疫情。新冠肺炎疫情期间，没有什么好方法可以有效运用OKR，不过，这反而是一件对所有组织都有意义的事。我们注意到两个积极的变化。

第一，许多组织正在用维护企业健康的指标取代那些雄心勃勃的关键结果。比如：我们的一个客户决定删除他们关于新增客户数量的关键结果，转而专注于维持他们现有客户的高满意度。

第二，某些受新冠肺炎疫情影响特别严重的组织选择暂停OKR项目的实施计划。事实上，它们已经没有实施OKR了；不过，这些组织一致反馈，OKR的思考框架正在帮助它们度过危机。它们只需修改OKR教练的常规问题。比如：OKR的常规问题"近期内最重要的改进目标是什么"在危机模式下，可能会变成"在危机期间，需要聚焦维持或保护的最重要的领域是什么"。

本书详细阐述了上述 7 个趋势以及更多内容。如前所述，每一章都将以一个练习结束。如果你想跳过以下这个练习，直接阅读第 1 章，那也可以。不过，下面的练习排在第一位是有原因的。这是你分享自己 OKR 故事的好机会，不妨想想是什么让你捧起了眼前的这本书。

前言练习：你的 OKR 的故事是什么？回顾一下到目前为止自己的 OKR 旅程。

根据下面的提示或者随意写下任何你所想到的事。

- 你为什么想成为 OKR 教练？
- 你如何把自己整个教育和职业生涯中的教练经验与 OKR 教练的工作联系起来？
- 你曾接受过其他 OKR 教练的辅导吗？
- 作为 OKR 教练，你希望产生什么样的影响？如何衡量这种影响？

奖励：将你的 OKR 故事发送到 Ben@OKRs.com，标题写上"MY OKRS ORIGIN STORY"。我们就可以开始交流，探讨合作方式了。

致 谢

这本书是写给OKR教练的,虽然它已经蕴含了数十位教练的贡献,但如果少了杰夫·沃克和克里斯蒂娜·沃特克还是不可能付梓的。20世纪80年代,杰夫作为甲骨文的创始人担任执行副总裁、应用软件总经理和CFO时,运用了OKR。是他向我介绍了OKR,并在2010年成为我的第一位专业导师。杰夫不断地挑战我,让我走出自己的舒适区,激励我追随自己的热情,成为一名OKR教练。

本书是第一本专门介绍OKR教练辅导的书,但克里斯蒂娜·沃特克的《OKR工作法》才是OKR领域的第一本书。正是她的这本书,以及无数次和她就OKR教练辅导趋势及最佳实践的探讨,奠定了本书的基础。同时也要感谢约翰·杜尔、瑞克·克劳(Rick Klau)、况阳、保罗·R.尼文、丹·蒙哥马利和菲利普·卡斯特罗(Felipe Castro),感谢他们和我探讨,共同塑造了迅猛发展的OKR教练领域。

非常感谢我的编辑迪恩·伯勒尔(Dean Burrell)和OKRs.com团队在整个写作过程中对我的支持。曼迪·希尔(Mandy Hill)和卡特·科尔曼（Carter Coleman）帮助收集反馈及书评。作为第一位加入OKRs.com团队的教练，迪克兰·雅普坚帮助构建并验证了本书所介绍的OKR教练辅导的三个阶段。作为OKR教练，迪克兰的成功给了我创作这本书的信心和勇气。感谢希德·哈塔克（Sid Ghatak）、卡伦·施罗德（Karen Schroeder）、纳什·比利莫利亚（Nash Billimoria）、奥米德·阿哈旺（Omid Akhavan）和卡罗尔·麦思（Carol Mase）抽出时间阅读手稿并提供详尽的反馈。

感谢OKR教练网的创始成员积极参与本书的网络研讨会。你们的反馈使本书的五个章节最终成型。截至2021年初，除了美国的教练外，OKR教练网还包括中国、巴西、智利、印度尼西亚、马来西亚、孟加拉国、南非、波兰、瑞士、英国、伊朗、西班牙、希腊、荷兰、法国和印度的OKR教练。

第 1 章

什么是OKR教练辅导，为什么现在如此重要

通过本章的学习，你将可以：

- 了解为什么当今时代对 OKR 教练的需求与日俱增。
- 了解"OKR 教练"的定义。
- 应用反思练习提高自己的 OKR 教练技能。

我研究生期间所学到的最重要的内容并不是学校教的，而是丹尼斯·马休斯（Dennis Matthies）教给我的，20 世纪 90 年代他在斯坦福大学教学中心（Stanford's Center for Teaching and Learning）担任讲师。他在讲授速成学习法时，通过数据和案例告诉我们：在学习一项新技能之前，最重要的莫过于想清楚为什么要选择接受这项挑战。㊀这一点对现在的我来

㊀ 我刚到斯坦福一个星期，就有人向我推荐史蒂芬·柯维的"以终为始"。爬一架靠错了墙的梯子的画面让我想起了丹尼斯在他的速成学习课程中所教的东西。"从为什么开始"，在爬之前，不妨先多问问自己为什么要爬这架梯子，上面有什么。梯子在本书中指的就是 OKR 教练辅导。

说是显而易见的，归根结底就是，只有在能够清晰地解释为什么自己要花时间学习时，我们学习的效率才会提高。那么，就让我们遵循丹尼斯的教导，从"为什么"开始吧。"为什么现在要提升OKR教练技能？"

本章首先简要回顾了OKR的历史。描述了对OKR教练辅导的需求是如何在2010年出现，又在2018年开始呈指数级增长，进而成为全球主流商业实践的。本章将呈现OKR教练辅导的定义，并通过真实辅导活动的片段，使这个定义更加清晰具体。第1章的目的就是让你能够清楚地解释为什么现在OKR教练辅导是重要的，为什么你要提升自己的OKR教练技能。

OKR的现状以及为什么现在到了提升OKR教练技能的时候

要想说明OKR的现状，我们还得从头谈起。20世纪70年代末，时任英特尔CEO的安迪·格鲁夫（Andy Grove）对MBO进行了延伸发展，开始推行OKR。之后，一些离开英特尔的核心高管，把OKR推荐给了当时一些新兴的大公司。20世纪80年代，甲骨文公司开始推行OKR；90年代，谷歌也开始运用OKR。到2010年，数十家硅谷的高科技公司都把OKR作为它们界定和达成自己首要目标的管理系统。[一]那么，OKR已经存在了近50年，为什么人们会在2013年才爆发出对它的热情呢？答案非常简单：因为谷歌。

2013年初，谷歌风投基金的合伙人瑞克·克劳分享了一段关于谷歌如何运用OKR的视频。[二]这段视频得到了广泛的关注，硅谷乃至高科技产业

[一] 三家著名科技公司早在21世纪10年代就开始了OKR的运用，它们是：领英（LinkedIn）、推特（Twitter）和星佳（Zynga）。
[二] 以下是谷歌OKR视频的链接，该视频浏览量巨大：https://www.youtube.com/watch?v=mJB83EZtAjc。

之外的人们开始爆发出对OKR的浓厚兴趣。㊀

2014年，当西尔斯（Sears）的CEO观看了克劳的视频后，立即就开始在全公司推行OKR。西尔斯在人们眼中并非一家科技型公司。他们的运用，印证了OKR日益普及、广受欢迎的程度，而这只是OKR在众多行业得到应用的案例之一。

随着OKR越来越受欢迎，世界各地的企业家和管理顾问都开始寻求OKR教练的辅导和帮助。2016年，克里斯蒂娜·沃特克出版了第一本以OKR为主题的书《OKR工作法》。同年，我和尼文在《OKR：源于英特尔和谷歌的目标管理利器》一书中介绍了应用OKR的具体步骤。这本书呈现的案例来自世界各地，显然美国以外的人们对OKR的兴趣也在不断增长。这两本书都被翻译成多国语言，在世界各地出版，成为每一位对OKR感兴趣的人必不可少的读物。

2017年，我多次前往中国，与北京领先的人力资源软件公司北森合作。我在北京、上海和深圳举办了一系列OKR工作坊，为200名商业领袖授课。其中有几天的时间，我和华为的高管们在一起，并有幸结识了OKR专家况阳。况阳翻译了我和保罗合著的书，接着又出版了《绩效使能：超越OKR》。㊁况阳说，华为成功运用OKR对中国企业的影响与谷歌成功运用OKR对美国高科技公司的影响不相上下。

到2017年底，OKR在全球范围内迅速兴起。除了与中国的机构合作外，我还有来自新加坡、澳大利亚、波兰、南非、法国、德国、以色列、印度、挪威、荷兰、英国和加拿大等国的客户。不过，即使是在2017年，对OKR教练的需求仍然还处于萌芽状态。2018年初，我大约每周都会接

㊀ 克劳的推文："我的OKR视频浏览量超过了15万，这比我预想的要多出14.9万。"
㊁ 截至2020年初，况阳的《绩效使能》（机械工业出版社2019年出版）已在中国售出了3万多册。

到一个电话，与企业探讨OKR的话题。我一如既往地在宣传方面投入精力，做演讲，发微博。直到2018年，转机出现了。

2018年4月，约翰·杜尔所著的《这就是OKR》出版，书中以波诺（Bono）和比尔·盖茨（Bill Gates）等名人为主角的故事，让人们对OKR的兴趣骤增。随着人们对OKR的热情日益浓厚，市场对OKR教练辅导的需求也与日俱增。我把精力完全投入为客户提供OKR辅导之中。我总算感受到了自己梦寐以求的困扰：客户太多！我们预计，全球对OKR教练辅导的需求将在21世纪20年代继续增加。

OKR教练辅导是如此重要，我们有必要先给它下个定义。

什么是OKR教练辅导

要准确定义OKR教练辅导是什么，我们得先看看它不是什么。OKR教练辅导不是咨询。OKR教练不像咨询师那样为客户提供建议，而是专注于启发。

国际教练联合会对教练的定义是："教练是客户的长期伙伴，通过创造性地引发客户深度思考的教练过程，激发客户最大化地提升自我认知与发掘职业潜能。"咨询师倾向于提供建议和答案——提议；而教练则倾向于通过提问阐发思维路径——探询。[一]我们想强调的正是"创造性地引发客户深度思考的教练过程"，因为OKR教练应该专注的就是探询。

如果你已经是一名经验丰富的教练，那么转型成为OKR教练也许会

[一] 克里斯·阿吉里斯（Chris Argyris）在斯坦福以客座讲师身份的发言使我深受启发，我澄清了"提议"与"探询"的区别。就本书的意义而言，我将"建议"等同于"提议"，将"探询"等同于"质疑"。更多关于"提议"和"探询"的内容源自"行动科学"领域。相关简介，请参阅：https://actiondesign.com/resources/readings/advocacy-and-inquiry。更多专业研究，参见克里斯·阿吉里斯、罗伯特·帕特南（Robert Putnam）和戴安娜·麦克莱恩·史密斯（Diana McLain Smith）所著的《行动科学》(Action Science) 一书。

是一种自然的过渡。许多富有经验的教练表示，他们只不过需要做一些微调，澄清那些被我们归为 OKR 领域的问题。

不过，如果你正在努力从咨询顾问转型为一名教练，那么，也许你应该集中精力专注于探询，而不是单纯地提供建议。OKR 教练并不注重解答问题，而是专注于澄清问题，通过有效的提问帮助客户自己找到答案。

无论你是否有咨询或教练的背景，都应该在建议和探询之间取得平衡。探询是通过 OKR 教练辅导帮助他人找到答案的基础。OKR 教练必须清楚地知道，在 OKR 的背景之下，应该在什么时候、采用何种方法提供建议的效果最好。准确地定义 OKR 教练的概念，有助于澄清这个角色，并界定在 OKR 教练辅导的三个阶段中建议和探询的范围。㊀需要引起注意的是，OKR 教练角色的转换。在第一阶段时，你需要以顾问的角色去引导并提供建议，而到第三阶段时，你则应该以教练的身份，通过探询，让客户自己创建和反思他们的 OKR。

在第一阶段"系统设计"时，你和客户采取结构化的方法，就 OKR 项目的关键问题达成共识。在这个阶段，你兼具教练和顾问的角色。在你提出问题时，客户往往会寻求你的指导，从而了解如何高效地实施他们的 OKR 项目。你可以运用自己行之有效的实践经验，以及从以前 OKR 系统设计中吸取的经验教训来为客户提供建议。

我们把第一阶段命名为 **OKR 系统设计**，通过与关键利益相关者一系列结构化的研讨，引导客户就项目目标、项目组织、资源保障等关键问题达成高度共识。㊁

㊀ 在第 1 章中，为了定义 OKR 教练的概念，我们介绍了 OKR 教练辅导的三个阶段。第 2 章对这三个阶段进行了高度概括。第 3～5 章是每个阶段详细的操作手册。OKR 教练辅导的三个阶段在五个章节中全部呈现，原因在于，它非常重要。OKR 教练的角色在每个阶段中各有不同。所以，要想理解成为 OKR 教练意味着什么，就必须深刻理解这三个阶段。

㊁ 我们在第 2 章中可以看到，"关键利益相关者"包括 OKR 项目经理和高层发起人。

在第二阶段，导入培训中，你可以运用工作坊的形式，介绍OKR的基本理论及其应用。往往在一开始，你更像是一名提供理论和实践经验的顾问，而到结束时，你的身份会更侧重于教练，通过提问引导客户将基本理论创造性地应用到他们自己的OKR实践当中。

我们把第二阶段命名为OKR导入培训：一种精心设计的互动式工作坊，通过示例和共创就OKR达成共识。运用培训讲解和行动学习两种方式，确保学员创造性地将理论应用到他们OKR的创建过程中。

在第三阶段"OKR全周期辅导"中，你几乎将完全专注于教练，要避免过度体现顾问的角色。你是OKR专家，而不是客户的战略顾问。你应当基于OKR基本的方法论，通过一系列的问题，引导客户批判性地思考他们工作中最重要的贡献。这些探询是帮助客户完成OKR周期每个步骤的持续要求。OKR周期的三个步骤包括：①制定和对齐，②跟踪和监控，③反思和重设。从内容来看，第三阶段是最有价值的部分。在这一阶段，人们大脑中蕴藏的智慧将被充分激发出来，从而获得对业务逻辑的批判性思考。

我们把第三阶段命名为OKR全周期辅导，通过探询，激发客户在OKR周期的三个步骤中批判性地思考：①着眼于在何处以及为什么集中精力进行可衡量的改进；②沟通和监控进度；③总结经验，并在下一个周期中运用。结合OKR教练在上述三个阶段中扮演的角色，可以引申出如下定义。

OKR教练辅导：与客户协作，激发创造性思考的三阶段结构化辅导。

第一阶段：OKR系统设计，就项目目标、项目组织、资源保障等关键问题与客户达成高度共识。

第二阶段：OKR导入培训，确保客户对OKR一致的理解。

第三阶段：OKR全周期辅导，通过探询激发客户在OKR周期的三个步骤中批判性地思考：①着眼于在何处以及为什么集中精力进行可衡量的改进；②沟通和监控进度；③总结经验，并在下一个周期中运用。

OKR 教练辅导现场摘录

为了让 OKR 教练的定义更加鲜活，这里有两份来自 OKR 辅导真实场景的摘录。第一份摘录是在第三阶段开始的时候，针对 OKR 制定所实施的一对一远程辅导。第二份摘录是在第二阶段后期的一次工作坊中，对个人进行的单独辅导。㊀ 在你读完下面的对话材料后，不妨回顾一下左手栏（LHC）。㊁ 左手栏揭示了我作为教练的思考过程，记录了我没有说出来的想法和感受。

摘录 1：为工程副总裁提供的一对一远程辅导

背景：某英国大型软件公司的 CEO 将高层的目标设定为"以销售为导向"。此后不久，我应邀为工程副总裁拉耶夫（Rajeev）进行一对一的远程辅导，帮助他为自己的团队起草 OKR。尽管 OKR 对拉耶夫来说是完全陌生的，但他对制定一个与 CEO 最高愿景高度匹配的目标充满了热情。这段摘录直接取自我一对一辅导的真实笔录。

> **一对一 OKR 教练辅导笔录节选**
>
> **工程副总裁拉耶夫**：我最重要的目标就是帮助销售团队达成他们的目标。
> **OKR 教练本**：我们如何知道本季度末时，工程部门是不是帮助销售团队达成了目标呢？

㊀ 虽然这里没有第一阶段"系统设计"辅导范本的摘录，但你可以参考第 3 章的材料为客户提供第一阶段的辅导。
㊁ 更多关于左手栏的练习，参见彼得·圣吉所著的《第五项修炼》。

拉耶夫：嗯，这是个好问题。（停顿）

本：好，你能说出一个去年明显是因为工程部门的帮助才购买产品的客户吗？

拉耶夫：实际上，我不能。不过这倒是一个非常好的数据。我们帮助销售团队成交并不多，倒更像是我们为销售团队保留了潜在客户。

旁白：工程副总裁接着提出了以下关键结果：

- 在第二季度向5个潜在大客户提供销售支持。
- 在第二季度末为销售团队提供培训。

本：大客户和小客户有什么区别吗？

拉耶夫：没什么区别。

本：你和销售副总裁对"潜在大客户"的界定一致吗？

拉耶夫：让我们用"潜在年收益10万美元的潜在客户"替换"潜在大客户"的概念吧。之后我们可以让销售副总裁推行这个新的定义。

本：你有没有评估过以前这类销售支持活动的数量？

拉耶夫：还没有。

本：工程部门提供销售支持的结果是什么？

拉耶夫：结果要么将销售进程向下推进，要么导致交易失败。

本：如果五个销售支持的电话都导致交易失败，我们该怎么办，还能达成目标吗？

拉耶夫：不能。如果因为技术原因导致交易失败，那就不能说支持活动是成功的。或许我们应该这样定义"为10万美元级别的潜在客户提供销售支持，确保因技术原因否定我们产品的客户不超过3个"。

本：感觉咱们步入正轨了，不过这条关键结果的描述显得有点消极。我建议积极地表达如下：设定一个"技术通过率"的基线，举例来说，如果我们接触了10个客户，其中8个客户没有技术争议，则技术通过率就是8/10，也就是80%。

左手栏：相同的文本，同时对我没有说出来的想法进行了反思	
左手栏（我的思考）	右手栏（对话）
这似乎值得怀疑。我不清楚工程师们是怎么帮助销售团队达成目标的……不过，我相信这位副总裁一定有方法帮助到销售团队，那就让我们一探究竟，看看他到底想要做到什么。	工程副总裁拉耶夫：我最重要的目标就是帮助销售团队达成他们的目标。
我会坚持使用 OKR 的教练框架，并提出 OKR 教练辅导的基本问题。对我来说，他回答不出这个问题一点也不奇怪，如果有人能答上来倒真的不太寻常。这也正是我来这里的原因。	OKR 教练本：我们如何知道本季度末时，工程部门是不是帮助销售团队达成了目标呢？
好啦，我觉得奏效啦。不过，他停顿的时间似乎太长了，所以我觉得自己应该说话了。好啦，让我们具体一点。让我们回顾一下，试着找到一个成功的数据点，看看我们能不能建立一个**基线**。	拉耶夫：嗯，这是个好问题。（停顿） 本：好，你能说出一位去年明显是因为工程部门的帮助才购买产品的客户吗？
好啦，我们现在更进了一步。正如我所假设的那样，工程师们并不会使交易失败，但我好奇的是，他们如何"保留潜在客户"。	拉耶夫：实际上，我不能。不过这倒是一个非常好的数据。我们帮助销售团队成交并不多，倒更像是我们为销售团队保留了潜在客户。

左手栏（我的思考）	右手栏（对话）
这两种说法都是方向性的，但却无法衡量。我需要帮助这位副总裁将这两种陈述转换成可衡量的关键结果。	旁白：工程副总裁接着提出了以下关键结果： • 在第二季度向5个潜在大客户提供销售支持。 • 在第二季度末为销售团队提供培训。
就第一种陈述"在第二季度向5个潜在大客户提供销售支持"而言，我不清楚"潜在大客户"的含义，所以我需要进一步澄清。我编了一个"小的"潜在客户的概念，试着让自己准确理解潜在大客户的概念，不过现在我反而更困惑了。	本：大客户和小客户有什么区别吗？ 拉耶夫：没什么区别。
我猜想销售副总裁的感受和我一样，看起来我们只是创造了一个"潜在大客户"的概念，不过这是件好事，因为我们正在解决彼此沟通中存在的问题。 同时，因为销售团队经常定义一些潜在客户之类的词，所以我最好看看工程副总裁和销售副总裁的视角是不是相同，从而确保部门之间的**对齐协同**。这就像指标需要共同设定一样。	本：你和销售副总裁对"潜在大客户"的界定一致吗？

左手栏（我的思考）	右手栏（对话）
不错，"潜在收益10万美元"这个概念对我来说更具体。 我喜欢工程副总裁的提议，由销售副总裁负责；另一项指标是提高团队之间的协同性。	拉耶夫：让我们用"潜在年收益10万美元的潜在客户"替换"潜在大客户"的概念吧。之后我们可以让销售副总裁推行这个新的定义。
我还是不清楚"销售支持"的含义，所以我要确认指标的历史记录，从而确保关键结果是**可衡量**的。	本：你有没有评估过以前这类销售支持活动的数量？
啊哈，听起来是时候开发一个**基线指标**了，因为我们还没有任何历史数据。	拉耶夫：还没有。
这时我该问**基本任务**与OKR的问题了，因为我需要探究如何实现目标的预期结果，所以我们需要聚焦于**结果而非任务**。	本：工程部门提供销售支持的结果是什么？
太棒了！我们知道了"销售支持"的结果是什么，我们马上就可以衡量这些结果了。不过我们希望用指标去衡量好的方面，所以要在一个积极的框架中去衡量，而不是在"交易失败"之类的消极框架中衡量。	拉耶夫：结果要么将销售进程向下推进，要么导致交易失败。 本：如果五个销售支持的电话都导致交易失败，我们该怎么办，还能达成目标吗？ 拉耶夫：不能。如果因为技术原因导致交易失败，那就不能说支持活动是成功的。或许我们应该这样定义"为10万美元级别的潜在客户提供销售支持，确保因技术原因否定我们产品的客户不超过3个"。

左手栏（我的思考）	右手栏（对话）
好极了！不过这个定义听起来有点消极。另外，因为我们没有历史数据，所以我们不能轻易地设定一个数字去衡量"不因为技术原因评估产品"的潜在客户。 我们不妨重构一个积极的关键结果作为基线指标。	本：感觉咱们步入正轨了，不过这项关键结果的描述显得有点消极。我建议积极地表达如下：设定一个"技术通过率"的基线，举例来说，如果我们接触了10个客户，其中8个客户没有技术争议，则技术通过率就是8/10，也就是80%。

OKR 草案及教练辅导的成果

目标： 销售支持团队——衡量并促进工程部门对销售团队的支持。

为什么现在： 领导层希望建立一种以销售为导向的文化，要求所有人想方设法为销售做出贡献。

关键结果： 工程部门支持销售团队服务10万美元级潜在客户的业务，并提供至少10份成果记录，从而在第二季度末获得能够反映技术通过率的基线指标。

成果： 工程副总裁拉耶夫，高度认同技术通过率的指标。辅导结束后，拉耶夫同意与销售副总裁一起确认，技术通过率是量化工程部门对销售团队贡献程度的有价值的指标。销售副总裁反馈很积极，开始通过电子表格跟踪技术通过率。他也发现，电子表格中的数据可以说明应该聚焦优先处理哪一类的技术问题。

这份摘录集中体现了如何将"销售支持"这样一个模糊的概念转换成关键结果。值得注意的是，将"为销售团队开发培训材料"的任务转换成了"截至第二季度末，将某一地区获得X产品销售技术认证的客户经理比例由 0 提升至 60%。"

◆ **教练辅导要领**

√ 如果有疑问,请回到 OKR 辅导的基本问题,如:

1. 关于关键结果的基本问题:我们如何知道自己达成了目标?
2. 关于将任务转化为关键结果的问题:这项任务的预期成果是什么?

摘录 2:对应收账款副总裁和数据库管理员进行小组辅导

背景: 一个 IT 团队请我帮助他们将 OKR 的应用范围从 IT 扩展到"业务团队"。财务副总裁(我们就叫她玛丽吧)应邀参加一次 30 分钟简短的 OKR 培训以及两小时的 OKR 制定工作坊。起初,玛丽拒绝设定更多的目标,因为她的团队已经有大量的指标需要追踪。当我请她介绍自己时,她表达了对制定 OKR 的怀疑,"我们已经有这么多的数据要跟踪,再添加另一套系统也许是我们最不应该做的事情。"首席信息官、几位 IT 经理以及财务部门的其他团队当时也参加了工作坊。

我在简要介绍 OKR 之后,便请每个团队用 45 分钟的时间起草他们的 OKR。玛丽把一张含有 25 个指标的表格拿给我看,脸上充满困惑。以下是 OKR 教练辅导笔录节选。

OKR 教练辅导笔录节选

OKR 教练本: 哇哦,原来你在追踪这么多指标啊。这么多数据触手可及真是不错,不过,你们团队在接下来的 3 个月内,想要改善的最重要的事情是什么呢?

财务副总裁玛丽：我希望我们的团队在处理应收账款方面更具战略性。

本：到季末，我们怎么知道团队在处理应收账款方面更有战略性呢？

玛丽：一旦应收账款的账期超过 90 天，就会很难收回。所以首要问题是减少超过 60 天的应收账款。

本：下一季度应收账款减少多少是你认为最理想的？

玛丽：我认为 10% 应该没什么问题，因为我们有几个大客户很快就会支付。不过，要是能减少 50% 就更好了。

旁白：应收账款团队决定只设置一个目标，一个关键结果。

财务副总裁向 IT 团队分享她的关键结果，上面写着：

关键结果：将 60 天以上的应收账款减少 50%。

数据库管理员苏米特举手发言，为工作坊现场的 30 个人澄清这个关键结果。

数据库管理员苏米特：你的意思是将应收账款的笔数减少 50%，还是将应收账款的总额减少 50%？

玛丽：好的，我们把这个关键结果调整为将 60 天以上的应收账款总额减少 50%。

旁白：会议室的气氛变了。

苏米特：你希望我帮助你实现这个关键结果吗？

玛丽：当然！去年我曾经就这件事寻求过帮助，后来就得到了这份数据表格，但我还是不知道你会怎样帮助我减少 50% 的应收账款。

苏米特：我可以提供一份报表，分别将账期在 30～45 天、46～60 天、61～90 天中金额最大的 10 个客户列明，这样我们就能主动接触这个范围以及即将进入这个范围的大客户。

玛丽：好啊，真的？这是我一年前就想得到的。

苏米特：好吧，你可能会要很多的报告，不过现在有这一份就足够了。

左手栏：相同的文本，同时对我没有说出来的想法进行了反思	
左手栏（我的思考）	右手栏（对话）
这种情况很常见。OKR 教练可以通过提问，帮助那些正在追踪很多指标的人聚焦独一无二的目标。这个简单的问题可以促使她思考。到目前为止，这个方法一直都很有效。	OKR 教练本：哇哦，原来你在追踪这么多指标啊。这么多数据触手可及真是不错，不过，你们团队在接下来的 3 个月内，想要改善的最重要的事情是什么呢？
处理应收账款具有战略性意味着什么？我会遵循基本的 OKR 教练技术，通过基础的 OKR 教练提问定义关键结果。	财务副总裁玛丽：我希望我们的团队在处理应收账款方面更具战略性。
	本：到季末，我们怎么知道团队在处理应收账款方面更有战略性呢？
啊哈，现在她终于聚焦一个独特的指标了，这是逻辑在发挥作用。	玛丽：一旦应收账款的账期超过 90 天，就会很难收回。所以首要问题是减少超过 60 天的应收账款。
让我们看看能不能通过一个数字去衡量这个关键结果。	本：下一季度应收账款减少多少是你认为最理想的？
我们需要找到一个基线，从而将 X 变为 Y。但很显然，她已经觉察到常规做法是无法取得理想成果的。	玛丽：我认为 10% 应该没什么问题，因为我们有几个大客户很快就会支付。不过，要是能减少 50% 就更好了。
	旁白：应收账款团队决定只设置一个目标，一个关键结果。

左手栏（我的思考）	右手栏（对话）
	财务副总裁向IT团队分享她的关键结果，上面写着： **关键结果**：将60天以上的应收账款减少50%。 数据库管理员苏米特举手发言，为工作坊现场的30个人澄清这个关键结果。
这个问题问得好！我甚至觉得我们是在处理财务问题，这里的关键结果是关于总额而不是账户数量的。 有进步，具体点更好。	**数据库管理员苏米特**：你的意思是将应收账款的笔数减少50%，还是将应收账款的总额减少50%？ **玛丽**：好的，我们把这个关键结果调整为将60天以上的应收账款总额减少50%。 **旁白**：会议室的气氛变了。
好啦，我们已经有进展了。我实在不想打断这段对话。他们已经开始了团队间的合作。	**苏米特**：你希望我帮助你实现这个关键结果吗？ **玛丽**：当然！去年我曾经就这件事寻求过帮助，后来就得到了这份数据表格，但我还是不知道你会怎样帮助我减少50%的应收账款。
哇！苏米特非常兴奋能够提供这些报表。这是个值得纪念的时刻。	**苏米特**：我可以提供一份报表，分别将账期在30～45天、46～60天、61～90天中金额最大的10个客户列明，这样我们就能主动接触这个范围以及即将进入这个范围的大客户。

左手栏（我的思考）	右手栏（对话）
玛丽高兴极了。	玛丽：好啊，真的？这是我一年前就想得到的。
真是太棒了！苏米特就像一位OKR教练，让玛丽看到了聚焦的价值。	苏米特：好吧，你可能会要很多的报告，不过现在有这一份就足够了。

OKR草案及教练辅导的成果

使命： 确保顾客及时付款。

目标： 削减应收账款总额具有战略性。

为什么现在： 尽管我们已经追踪了许多指标，但我们无法聚焦每一件事。研究表明，一旦客户应收账款的账期超过60天，收回的概率就会锐减。更糟糕的是，我们经常失去这部分客户，这将严重损害我们的持续性收入。

关键结果： 将60天以上应收账款的总额减少50%。（备注：截至3月31日，这部分应收账款的总额为2400万美元；我们要在8月30日前将其缩减至1200万美元。）

成果： 该公司最终成功减少了应收账款，保护了现金流。

◆ **教练辅导要领**

√ **跨部门合作。** 玛丽与其他团队共同制定了她的关键结果，大家达成了共识。鼓励团队在最终确定之前，向相关团队展示关键结果，从而获得反馈。

✓ **少即是多**。我们发现 OKR 的数量与 OKR 沟通的有效性呈负相关关系。少量的 OKR 更有助于积极的沟通。当吸收的内容较少时，人们似乎会更加注意。这个案例说明，少量的 OKR 具有促进聚焦的强大力量。案例中，苏米特认真倾听了只有一个关键结果的唯一目标，而玛丽也获得了她战略性管控应收账款的基础数据。

☞ **第 1 章　练习 1：从"为什么"开始！**

读者	为什么你要提升自己的 OKR 教练技术？为什么你觉得 OKR 教练技术如此重要？是因为迫切需要，还是兴趣使然？
内部教练	如果你正在推动公司取得 OKR 的成功，那么发展 OKR 教练技术对你的组织会有什么好处？这些技术将给你个人带来什么收益？
外部教练	如果你正在辅导客户，请描述一下为什么你愿意花时间提升自己的 OKR 教练技术。你现在是否有客户正在应用你想要推广的 OKR？你是否希望通过提升 OKR 教练技术扩大自己的业务范围？

☞ **第 1 章　练习 2：现在就开始提升你的 OKR 教练技术！**

运用左手栏的练习，反思你的辅导过程。

获得客户的许可后，记录你自己真实的辅导过程。

将你的困惑和突破记录下来。

如果你有了突破，说说它是如何产生的。

如果你觉得自己陷入了困境，无法取得突破，反思一下哪些因素可以让你取得突破。

如本章末尾的两个例子所示，运用左手栏练习。

背景：用几句话描述你开展教练辅导的背景。

记录：记下大家说过的话。

反思：接着在左手栏写下你没有说出来的想法和感受。

成果：包括辅导期间产出的OKR，以及任何方法和经验。

奖励：将你的左手栏反思发送给我，以获得反馈。我的电子邮箱：Ben@OKRs.com。

第 2 章

OKR 教练辅导：
阶段、周期、角色

通过本章的学习，你将可以：

- 制订 OKR 教练辅导的工作计划，包括确定周期和范围。
- 明确 OKR 项目中九个角色的职责。
- 让客户 OKR 项目中的每个角色充分发挥作用。

应该如何制订 OKR 教练辅导的实施计划？需要多长时间？哪些人应当参与其中？应该由人力资源部门主导吗？在成为 OKR 教练的第一年，我并不清楚这些问题的答案。第二年，我以为自己已经知道了所有的答案。第三年，我却发现了更多的问题，开始怀疑自己是不是真的弄清楚了所有的问题。直到第五年，我通过 OKRs.com 与世界各地的 OKR 教练建立了伙伴关系，扩大了团队，这些问题才逐渐变得清晰起来。我们通过不断地试错，终于找到了答案。我们总结了这些年全球实践的经验教训，开发了一个有效创建 OKR 教练辅导实施计划的框架。

本章概述了创建OKR教练辅导实施计划的行之有效的方法，这种方法已经被广泛验证。你可以运用它确定教练辅导的三个阶段，确保客户任用合适的人员实施和持续推动他们的OKR项目。我们将从一张图开始，直观地呈现OKR教练辅导的阶段和步骤（见图2-1）。

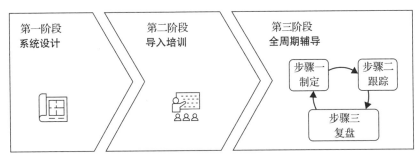

图2-1　OKR教练辅导的三个阶段

OKR教练辅导的阶段

第一阶段：OKR系统设计的辅导

"哪些部门应该采用OKR？""一个团队应该制定几个OKR？""如何对关键结果进行评分？"这些都是客户在设计他们的OKR系统时经常会提出的问题。㊀我们在辅导中应当不断强调的是，OKR教练辅导必须先确认这些系统设计的基本要素，即使我们辅导的是那些已经在实施OKR的客户。对这些要素的确认是任何OKR项目的基础，这部分工作大约需要2～4周的时间，第3章将详细分析这些基本要素。

第二阶段：OKR导入培训

第一阶段确定的基本要素将体现在为客户提供的OKR导入培训之中。

㊀ 我们大多数客户都喜欢"系统设计"这种说法，不过也有一些人喜欢用"运行规则""基本条款"或"FAQ"（常见问题解答）等术语。总之，适合客户的术语就是好的。

我们建议在课件中将每一项基本要素单独呈现。举例来说，你可以用一张幻灯片显示"ABC公司关键结果的评分"。这里有句OKR教练的信条我们建议你铭记于心："学习OKR最好的方法，就是实践。"⊖导入培训包括OKR的基本概念和客户OKR系统设计的各项要素，更重要的是，导入培训要通过大量的互动和练习，让参与其中的人运用这些基本理论发展出真正属于他们自己的OKR。⊜导入培训可以通过为期1～2天现场的工作坊进行，也可以通过一系列的线上课程实现。第4章将具体分析导入培训的各方面细节。

第三阶段：全周期辅导

OKR导入培训之后，便进入了OKR全周期辅导阶段，OKR全周期教练辅导有三个步骤：①OKR的制定和对齐，②跟踪和监控，③反思和重设。OKR全周期辅导的对象通常包括整个公司决策层，以及指定导入部门的核心成员。第5章将深入分析这三个步骤的诸项细节。下面我们先来做一个简要的介绍。

步骤一：OKR的制定和对齐

尽管导入培训时会有一些制定OKR的练习，但并没有形成最终的OKR。OKR全周期辅导的第一个步骤就是帮助客户制定、对齐并正式发布他们的OKR。我们把发布的位置称作"OKR跟踪看板"。

⊖ 以下是这句信条的由来：早期，客户总是希望得到同行业客户的成功案例。不过，在我们增加案例之后，客户却抱怨这些案例占用了太多工作坊的时间。我们发现，客户真正想要的并非他人的案例，而是希望得到自己的OKR！如今，我们只提供非常有限的案例，从而让客户尽快制定他们自己的OKR。这种做法非常有效，得到了几乎所有客户的认同。

⊜ OKR的框架非常简单，对基本理论的培训一般一两个小时就够了。因此，我们认为，越早开始实操，效果越好。

步骤二：跟踪和监控

OKR 跟踪看板上正式发布的 OKR 标志着 OKR 的创建取得了重大的胜利，你和客户一定都会感到振奋。一般来说，创建 OKR 后一种聚焦、协同和高度投入的感觉会随之而来。不过，你的工作尚未结束。一个卓有成效的教练还要确保客户的 OKR 在整个周期中与他们的日常工作紧密结合。你将不再只是辅导一个团队制定 OKR，还要设计一种多部门中期跟踪的方法，并使之有效运行。

步骤三：反思和重设

当我们向 OKR 教练和客户询问，他们最喜欢 OKR 的哪个方面时，得到的回答常常是"学习"。"学习"中最重要的三个方面是：①如何优化 OKR 项目；②如何更好地完成工作；③如何最大化地创造商业价值。OKR 周期结束时，OKR 教练要发起反思和重设的工作，从而帮助客户总结经验，并在下一个周期应用。

OKR 项目实施后的持续推动

卓有成效的 OKR 教练即使在辅导完成正式的 OKR 项目之后，也依然会持续辅导客户 OKR 的实践。这个阶段的辅导方式，因客户而异。

我们建议任何一个 OKR 项目的三个阶段辅导完成后，都要和 OKR 的项目经理一起开展一次复盘。OKR 周期最后的反思和重设是让人们通过反馈获得经验，我们可以运用这些经验调整第一阶段系统设计的基本要素。回顾第二阶段，确保新近运用 OKR 的团队成员可以获得充分的 OKR 培训。此外，你的客户应该为所有运用 OKR 的部门及时提供 OKR 全周期辅导。无论辅导是由你还是客户的内部教练提供，我们建议所有新导入 OKR 的团队至少都能在第一个周期获得全周期辅导。

虽然理想情况下，你的客户能够较少依赖甚至完全不依赖外部教练，成功实施自己的 OKR 项目，但是明智的做法是与客户 OKR 项目经理保持联系，并确保沟通顺畅。要想使 OKR 持续发挥积极的影响力，客户内部必须具备相应的专业知识。[⊖]

持续的辅导包括扩展 OKR 的应用范围、调整系统设计的要素、培训内部教练，以及为新运用的员工提供一对一的教练辅导。客户可能会邀请你通过 OKR 主题演讲来激发全体员工的热情和动力，也可能会请你开发基于他们 OKR 特点的 OKR 培训视频课程，帮助新员工理解和运用。

OKR 教练辅导的周期

OKR 的教练辅导可以安排 8～12 个月。我们默认的周期是 8 个月，不过，有的教练倾向于 12 个月。无论哪种方式，都要包含两个完整的周期，如图 2-2 为期 8 个月的教练辅导计划的示例所示。

	月	1	2	3	4	5	6	7	8
			第一周期			第二周期			
第一阶段：系统设计		■			▨				▨
第二阶段：导入培训			■			▨			
第三阶段：全周期辅导									
步骤一：制定和对齐			■			■			▨
步骤二：跟踪和监控				■			■		
步骤三：反思和重设					■			■	

■ 必备　▨ 可选

图 2-2　示例：为期 8 个月的教练辅导计划（两个 OKR 周期）

⊖ 拥有一批训练有素的 OKR 内部教练团队，更有利于组织的长远发展。有关详细内容，参见第 4 章中关于 OKR 专家培训的部分。

客户也许会希望你通过一场 OKR 工作坊或几次课程，帮助他们启动 OKR 项目。尽管这种方式极具吸引力，但你必须让他们明白，要想让 OKR 教练辅导发挥最大的作用，构建 8～12 个月的教练辅导计划是非常必要的。即使客户不想延长辅导时间，卓有成效的教练也会设法在至少 8 个月内成为客户 OKR 项目不可或缺的组成部分。我们这样讲是有原因的。

起初，我们向客户提供的是为期 3 个月的 OKR 入门套餐。这个套餐的时长对于辅导客户完成整个 OKR 周期看起来似乎是最恰当的，毕竟，一个季度只有 3 个月，而季度常常是 OKR 默认的运行周期。这种情况下，我们能够成功地帮助客户进行 OKR 的系统设计，并基于客户的特点，有针对性地提供 OKR 培训，客户也会为他们首个周期产出的一系列 OKR 感到满意。不过，这些早期的 OKR 项目中有一些并不那么成功。

几乎所有人在参加我们工作坊之后都会对 OKR 感到兴奋，但很多人并没有将 OKR 与他们的日常工作相结合。更糟糕的是，人们无法通过 3 个月的时间真正完成闭环，并获得可以在下一个季度予以借鉴并实际应用的经验。

为了及时有效地进行反思，我们将 OKR 教练辅导的时间扩充至 4 个月。额外增加的这个月让我们有时间在 OKR 周期之前进行准备，并在 OKR 周期结束之后进行总结。这样调整后效果立竿见影。我们用这种方式为之后的所有客户提供全周期辅导的服务。但是，大概一年之后，我们就意识到，即使是 4 个月时间也是不太够的。

2017 年，我们发现为客户提供两个全周期的辅导效果最好。典型的双周期辅导项目需要 8 个月的时间。这种方式非常有效，并且我们已成功运用数年。在第一个周期的辅导中，我们强调的是学习，而不是运用的范围和规模。因此最好的方法是创建一个试点小组接受 OKR 教练辅导，而不是覆盖整个组织。第二个周期时，客户可能希望快速将 OKR 导入整个组织，这个阶段要注重的是，将试点小组在第一个周期积累的经验予以应用。

我们发现最有效的方法是爬－走－跑，而不是爬－跳－跑。实际上，这正是OKR教练的信条之一：推行OKR，就要爬－走－跑。

爬－走－跑体现了我们基本的指导原则，就是要在整个组织推行OKR之前，先从小团队的试点开始，以确保OKR的正确性。当我们建议客户"先走后跑"时，他们都认同：慢就是快。我们的客户通常会在第三甚至第四个周期时扩展他们OKR项目的应用范围。

在完成双周期教练辅导之后，大多数客户都会不定期地联系我们。不过，我们与其等待客户的联系，不如每一两个月定期对客户进行跟踪。联系对象一般就是OKR项目中的关键角色——OKR项目经理。

OKR教练辅导中的角色

就OKR项目所需的每一个支撑角色及其人选达成共识，是OKR项目成功的关键一步。组织在全面推广OKR之前，并不需要明确每一个角色由谁担任，但是在完成第一个试点周期后，则应当确定每个角色的承担者。奥米德·阿哈万（Omid Akhavan）是一名OKR教练，他在阅读本书手稿之后建议，将OKR项目中每个角色的定义及其职责集中呈现。所以，这部分内容就是写给奥米德，当然还有其他的OKR教练们。

在介绍OKR的角色之前，你们需要注意的是，有的角色是一个人，有的角色则不是，还有一些角色两种情况都可能存在。举例来说，"HR负责人"只需要一人担任即可；"OKR项目经理"至少需要一个人，可能是一人担任，也可能由多人担任；"KR经理"则由多人担任，因为"KR经理"往往不止一个。在启动OKR项目之前，你不仅要明确自己作为OKR外部教练的身份，还有必要确保客户理解下面提到的每一个角色。事实上，我们建议在与客户签订教练服务协议之前，就应当花点时间与客户认真评估这些角色，最好还能确定这些角色的承担者。

OKR 外部教练

作为 OKR 外部教练，你要帮助客户系统设计他们的 OKR 项目。外部教练的工作依赖于长期的伙伴关系，与短暂地提供一两次集中培训就离开的培训师不同。我们建议与客户一起运用本书提供的方法，确保完成两个 OKR 周期。第一个周期的重点是通过小范围的试点，找到正确的方法，获得实践经验。第二个周期的重点是运用实践经验，在组织中扩展 OKR 的应用范围。OKR 教练辅导通常包含系统设计和导入培训，常规的运行周期是 3～4 个月，而双周期教练辅导可能需要持续 8～12 个月。

大多数项目只需一位外部教练，不过，有些项目两个外部教练会更好，这要视情况而定。比如，我可能需要集中精力与高管研讨，或者通过工作坊培训团队，那么就需要另一位教练负责整个 OKR 项目期间与客户的对接工作。

OKR 外部教练的职责包括：⊖

1. 系统设计辅导：辅导 OKR 项目经理和 HR 负责人进行系统设计，并就 OKR 导入的范围和推进计划与高层发起人达成共识。

2. OKR 培训：提供各类 OKR 培训工作坊，确保团队对 OKR 有一致的理解。

3. OKR 全周期辅导：确保完成至少一个全周期的辅导，以获取可以在下一个周期运用的实践经验。

OKR 外部教练是必需的吗

简单回答的话，外部教练并不是必需的。确实有一些组织在没有外部

⊖ 请参阅第 1 章关于 OKR 教练的定义，深入思考自己的角色。我们建议与每一个客户就 OKR 外部教练的角色达成高度共识，以确保匹配客户的期望。

支持的情况下成功导入了 OKR，但更多组织都在积极寻求外部教练的帮助，因为这是性价比最高的选择。外部教练能够给拟定的 OKR 提供不偏不倚的中肯建议，单凭这一点就足以提升 OKR 的质量，提升整个组织的一致性。内部教练在 OKR 启动时，往往充满热情、精力充沛，可一旦沉浸于自己日常的具体工作之中，他们的热情往往就会减弱。

我们的客户常说，外部教练是 OKR 项目成功的关键，因为他们可以使组织的 OKR 步入正轨并保持在正轨上的运行。高管团队也经常表示，OKR 外部教练的存在增加了 OKR 的价值，高管彼此之间也变得更加尊重，大家都会把 OKR 作为一种严密的思考框架给予高度关注。㊀

OKR 内部教练

内部教练和外部教练扮演的角色大致相同。不同之处在于，内部教练作为组织的一员，他们不仅要支持 OKR 的项目，还要承担其他的工作职责。外部教练可以提供外部视角和 OKR 的专业知识，而内部教练通常更熟悉组织的发展沿革、商业模式和内部运作方式。随着时间的推移，外部教练完成 OKR 项目后将逐渐淡出，此时内部教练就要承担起持续推动 OKR 项目的重任。

组织至少要有一位 OKR 内部教练。高效运用 OKR 的组织似乎都有这样一个比例，就是在 OKR 项目中每 50 名成员就有一位内部教练。所以，如果一家 500 人的公司人人参与 OKR 项目，那么该公司就应当至少有 10 名 OKR 内部教练支持该项目。一家领先的人力资源科技公司的工程能力团队因为具备相当丰富的 OKR 专业知识，而且每 3 名成员就有一位 OKR 内部教练，所以这个团队在 OKR 实施的每个步骤中都表现优异。很显

㊀ 最近有个客户跟我们说："有本和迪克兰这样的外部教练就好像有了'严厉的父母'一样。"其实这正是我们实践 OKR 的正确路径。

然，他们无须依赖外部教练的支持。一般来说，敏捷教练、SCRUM专家、HRBP（人力资源业务伙伴）都是OKR内部教练的优秀种子。

OKR内部教练的职责包括：

1. 参与OKR的各类培训。

2. 确保团队完成OKR整个周期的工作，包括通过发问帮助大家完善OKR，进行中期跟踪，以及在期末通过引导完成反思和重设。

3. 组织OKR的各类培训，培养更多的内部教练。

OKR项目经理

OKR项目经理通常也是OKR内部教练。对100人以下的小型组织来说，CEO或者COO通常会在OKR项目初期担任这一角色。对较大的公司而言，那些希望为组织做出独特贡献的中层干部是更适合的OKR项目经理人选。OKR项目经理必须具备出色的沟通能力，并且谙熟组织的架构和业务模式。这一角色在OKR项目启动前期的一两个月里应当承诺将精力专注于系统设计和内部培训。当然，OKR项目经理一般来说并非全职岗位，OKR相关的工作只是他们3～5项核心职责之一。OKR项目启动并正式运行后，OKR项目经理，尤其是那些兼任内部教练的人，同样需要保证把足够的时间投入到OKR项目的工作中。在OKR周期开始和结束的阶段，每周需要3～5个小时；在OKR运行期间，每周需要1～2个小时。总裁助理、敏捷教练等通常是OKR项目经理中的佼佼者。

虽说客户必须至少有一位OKR项目经理，但我们建议最好能确定两人担任OKR项目经理。因为，一个项目经理往往会过度依赖外部教练，并且可能会因为缺少同事的协助而产生无力感。不过，尽管两个OKR项目经理比一个好，但新增的OKR项目经理增加的价值也不过1/3，无法证明成本的合理性。

当客户首次与你联系寻求支持时，我们会希望这个（些）人就是未来的OKR项目经理。如前所述，在较小的组织里，常常是由高管担任OKR项目经理。即便如此，我们也建议你要求CEO或高管指定一位中层经理同时担任OKR项目经理。因为OKR项目经理是你在整个OKR项目中主要的联系人，尽管由CEO担任OKR项目经理的价值巨大，但如果仅仅是他一个人，可能会导致很大的问题。你需要经常与OKR项目经理高效地对接，但CEO们却往往很难找到，在最后一分钟临时取消会议也是常有的事。

OKR项目经理的职责包括：

1. 全程参与系统设计阶段的辅导。向领导提出建议（例如，如何为关键结果评分）。与OKR教练一起创建OKR试点阶段的内部跟踪工具。

2. 组织OKR的培训（例如，发送培训通知，汇编工作坊中所需的各项目标，与学员分享培训材料等）。

3. 部分而非全程参与OKR全周期辅导。

4. *协调并安排OKR的辅导课程。

OKR协调员

我们在OKR项目经理职责的最后一项"协调并安排OKR的辅导课程"前面加了一个"*"，因为OKR项目经理通常将此项工作委托给他人，这个人很可能就是"OKR协调员"。在小型组织中，OKR项目经理与OKR协调员通常由同一个人担任。但是，这两个角色所需的技能却大不相同。OKR协调员一般不承担OKR内部教练的角色，我们不妨把OKR协调员看作任务主管。他的职责是保持OKR项目按计划正常进行，确保所有人充分参与，并确保他们可以获取能够帮助自己成功应用OKR的信息。虽然我们建议安排两名OKR项目经理，但OKR协调员，我们建议一位即可。

OKR 协调员通过及时地提醒所有团队，确保所有团队完成 OKR 全周期内的每一个步骤。举例来说，OKR 协调员可能会发送电子邮件提醒团队负责人，并要求他们在外部教练辅导之前提交草拟的 OKR，以优化 OKR；或者提醒他们在下一个 OKR 周期到来前的两周组织反思和重设。OKR 协调员还经常负责安排外部教练的远程辅导课程。此外，他们也会要求每个团队在周期结束后，提交通过反思和重设总结的经验。

OKR 协调员的职责包括：

1. 协调并安排 OKR 的辅导课程。

2. 发送提醒邮件，以确保 OKR 周期内的各项工作按计划进行，比如：

步骤一：周期内每一到两周发送附有 OKR 跟踪链接的邮件，确保每个人在规定的时间内将他们的 OKR 发送至指定位置。

步骤二：发送提醒邮件，确定需要在中期跟踪共享的关键结果。

步骤三：提醒每个团队在 OKR 周期结束时分享他们的经验。

3. 通过上述步骤三收集经验和 / 或反馈意见和创见，持续改进 OKR 项目。

HR 负责人

我们约有一半的客户在一开始就要求 HR 积极参与，而且这些 HR 一般也都承担着 OKR 项目经理的角色。虽然请 HR 参与非常重要，但至少得有一名非 HR 的项目经理，否则，OKR 可能有沦为"人力资源工作"的风险。OKR 绝不能成为某个部门强加给组织的程序性工作。尽管 OKR 可能会因 HR 的主导而失败，但缺少 HR 同样可能会导致失败。

在我们大部分项目的辅导中，都需要一系列关于如何最有效地将 OKR 与绩效评价相结合的讨论。我们建议你就如何传达 OKR 与绩效评价的关系与 OKR 项目经理和 HR 负责人共同研究，并达成共识。同时你需要与高层发起人确定准备采取的方法，然后再推行至高层以外的层级。

HR负责人的职责包括：

1. 提供基本信息和数据，协助系统设计工作。

2. 研究如何将OKR与绩效管理结合起来。

3. 确保组织不会把OKR与绩效评估混为一谈（例如，避免将OKR与新的绩效评估系统同时引入）。

高层发起人

这是组织中支持OKR项目的最高级别的人员。小公司的高层发起人往往就是CEO，而大公司的高层发起人可能是运用OKR的业务单元负责人或者特定导入部门的负责人。尽管在小型组织中，高层发起人的角色常常可能与OKR项目经理重叠，但他们应当予以区别对待。

OKR项目经理努力确定的系统设计方案，以及OKR的实施程序，都必须在得到高层发起人的批准后，才能通过培训材料和常见问题解答（FAQ）呈现这些内容。高层发起人除了要批准系统设计方案，还要协助决策层创建他们的OKR。OKR与任何管理变革一样，如果缺乏高层的支持，几乎没有成功的可能。高层发起人还应当通过领导力演讲和管理类会议阐明为什么组织要导入OKR。

高层发起人的职责包括：

1. 传达组织采用OKR的理由。

2. 根据OKR项目经理的建议，确认系统设计方案。

3. 在高层OKR制定工作坊前，收集高层的目标。

4. 参与高层OKR工作坊。

5. 与团队负责人面对面沟通，确保团队层的OKR与组织目标对齐。

6. 与OKR项目经理开诚布公地沟通。

7. 为OKR项目赋予活力和生机（例如，保障资源，在培训中致辞，在全公司会议中展示高层OKR等）。

团队负责人

在辅导团队层的OKR之前，你应当与客户确认将要创建OKR的团队及其负责人。一般情况下，如果是依据组织结构图界定OKR的团队，那么该团队负责人就是位于组织结构图顶部的人员。如果是这样，请事先获取一份客户的组织结构图。○

团队负责人的职责包括：

1. 参与OKR的培训。
2. 与团队共同促进OKR的发展。
3. 全程参与OKR教练辅导，完成一个OKR周期。
4. 总结经验并在下一个周期应用。

团队成员

团队成员是指实施OKR的团队中除团队负责人以外的所有人，是他们的共同努力驱动着关键结果。他们参与得越充分，OKR就越有效。团队成员的参与保证了关键结果是自下而上定义的，而不再是一味听从上级的指令。即使团队负责人确定了大多数的目标，绝大多数关键结果也是在OKR草拟过程中由团队成员共同创造的。团队成员经常运用批判性思维与他们的经理面对面探讨，从而不断地将他们的日常工作与更加宏大的构想联系在一起。这让他们更加清楚自己做事的理由：①驱动关键结果，②使健康度量项可控，③为其他需要完成的重点工作做出贡献（比如：完成审

○ 关于组织结构图的警示：第3章我们将分析"为什么用组织结构图界定OKR的团队的效果不理想。"

计之类的合规工作）。

团队成员的职责包括：

1. 参与草拟团队层的 OKR。
2. 完善团队层的关键结果，尤其是在与预评分对齐时。⊖
3. 不断运用 OKR 的批判性思维，将工作与大局联系起来。

KR 经理

每一个关键结果在最终确定前都必须附注一个人的姓名，这个人就是我们所说的 KR 经理。每个组织对这个角色的定义都略有不同。有的组织坚持只确定一位 KR 经理，以便明确责任归属，而有的组织则倾向于增加一名后备的 KR 经理，以便应对那些高度依赖责任平衡，需要对齐和协同的关键结果。

我们有部分客户决定给每个关键结果配置两名 KR 经理。举例来说，有些组织要求高层发起人和中层负责人做到纵向对齐。高层发起人在日常工作中不可能每天干预关键结果，相反，他们需要做的是在高层会议上向 CEO 汇报关键结果的进展。有一个客户，他们希望打破部门墙，减少筒仓效应。因此，他们的关键结果除了有一位指定部门的 KR 经理外，还有来自平行部门和密切合作部门的两位 KR 经理。设置三位 KR 经理的情况非常罕见，就连他们自己也意识到，这样做会削弱 KR 经理们的责任感。⊜

对 KR 经理的选择，直接反映了客户导入 OKR 的初衷。如果导入 OKR 最初的动机是为了提升责任感，那么每个 KR 配置一名 KR 经理就是

⊖ 参见第 3 章对预评分的解析。

⊜ 尽管这很不寻常，但我们确实有一家客户恰恰就需要三名 KR 经理。他们团队规模很大，因此要求每个关键结果都有来自项目管理、产品管理和工程部门的 KR 经理。

最合适的；如果最初是为了强化协同，可能配置两名KR经理会更好。有的组织无法接受"经理"这个称谓，更喜欢"KR斗士"之类的，这都没问题。但是，我们不建议使用"KR责任人"这类字眼。㊀

KR经理的职责包括：

1. 在整个OKR周期内更新进度，并输入关键结果的分数。

2. 协调、解决影响关键结果进展的问题。

3. 收集相关信息，并为更好地驱动关键结果向前推进征集意见和建议。

4. 持续沟通，确保与关键结果相关的工作能够对齐协同。例如，确保团队不去执行与关键结果相冲突的项目或冗余的任务。

5. 将推动关键结果的经验运用到下一个周期。无论关键结果是否达成，KR经理都要传达最终的得分，评估其影响，总结经验，并就关键结果的保留、调整或删除提出建议。

◆ **教练辅导要领**

√ 构建你的教练辅导计划帮助你支持客户完成两个周期（8～12个月）。

√ 基于OKR教练辅导的三个阶段制订你的工作计划：①系统设计，②导入培训，③全周期辅导。

√ 帮助客户确定合适的人选，担任启动和持续推进OKR项目所需的各类角色。

√ 确保OKR不被视为"人力资源工作"，至少要有一位非人力资源的OKR项目经理。

㊀ 最初，我的客户将每个关键结果旁的名字称为"KR责任人"。不过现今，他们不再用"责任人"这样的字眼了，因为团队层的关键结果不应被视为某个人的工作。我的客户一般会使用"经理""主管"或"斗士"来称呼这个角色。

☞ **第 2 章　练习 1：用粗略的时间表制订一份三阶段的工作计划**

如果你是外部教练，请为你的客户草拟一份 OKR 系统设计的建议书。

如果你是内部教练，正在推动组织的 OKR 项目，请依据这三个阶段制订一份内部的实施计划。

请参考图 2-2 的计划范本。OKR 教练网的成员可以在教练网上看到实施 OKR 培训活动的详细计划，以及 OKR 教练辅导的详细建议。

☞ **第 2 章　练习 2：反思 OKR 教练辅导项目中的角色**

如果你正在辅导 OKR 项目，请反思每个角色界定和配置的过程，也可进一步反思 OKR 的系统设计。

以下问题有助于这项练习：

你是外部教练，还是内部教练？

有几位 OKR 项目经理参与？

你觉得每个角色的界定如何？有哪些被忽略了？

各个角色履行的情况如何？哪些运行良好，哪些有待改进？

第 3 章

教练辅导第一阶段：系统设计

通过本章的学习，你将可以：

- 明确系统设计在 OKR 中的重要性，向客户澄清为什么要从这一步开始他们的 OKR 项目。
- 帮助客户明确他们 OKR 项目系统设计的 10 项基本要素。
- 界定更多系统设计要素，从而充分匹配客户的特点。

2015 年，我应邀飞往巴黎，为客户高层提供为期一天的 OKR 入门工作坊。因为当时我还没有意识到系统设计对 OKR 工作坊的重要意义，所以只是依照客户的要求接受了这个项目。出发前我只与客户通过两次电话，确认了议程安排，紧接着就带着自己准备好的讲义和课件登上了飞机。

巴黎的 OKR 入门工作坊进行得并不顺利。我们草拟 OKR 的时候，花了大半个下午的时间讨论如何在企业导入 OKR。OKR 入门工作坊中客户高层接连不断涌现的问题让我备受打击，比如：① OKR 如何与我们现行的 KPI 系统结合运行？②听说 OKR 应该和绩效考核解耦，但绩效考核又是我们最重要的目标，这怎么可能？③如果我们不能参照约翰·杜尔足球队的案例，将公司层的关键结果作为团队层的目标，我们又该如何确保充分对齐？㊀

在返程的飞机上，我有足够的时间来反思这次巴黎的 OKR 入门工作坊。我花了 12 个小时写日志，发现了那些必须要在工作坊开展前予以明确的问题。我将这些问题称作"系统设计要素"。㊁它们是实施 OKR 项目的基础。客户将通过对这些要素的研讨，就"为什么"以及"如何"在整个组织中应用 OKR 达成共识。

虽然并不存在放之四海而皆准的系统设计要素，但我们建议要为客户确定其中 10 项通用的系统设计要素。这些通用系统设计要素不可能穷尽一切，大多数组织都还需要考虑其他方面的要素。㊂本章将着重就 10 项通用系统设计要素进行深入解析，并在最后举例说明一些对部分客户具有重要意义的其他系统设计要素。为了让这些要素与客户高度匹配，我们务必要不断地确认客户为什么要运用 OKR。

从"为什么"开始，基于客户应用 OKR 的背景

我们帮助客户解决的首要问题应该是"为什么要用 OKR ？"一旦导入 OKR，大多数人都会变得更忙，为了杜绝消极的声音、展现组织对 OKR 的承诺，领导层必须就这个问题提供令人信服的答案。这个答案告诉人们

㊀ 本章后面的部分将就足球队的案例进行深入解析。该案例具有误导性，因为 OKR 不应该简单承接。

㊁ 有些客户将系统设计称为"运行规则""防护系统"或"常见问题解答"。

㊂ 我们有位客户因为担心美国机构和印度机构的资源分配问题，故而增设了一项地区要素。他们每一项关键结果都注明了"印度"或"美国"。显然这不属于通用要素。

为什么要用OKR，以及OKR能够给大家带来哪些帮助。就这些问题而言，每个组织都应该做出自己独特的解答。

糟糕的答案有两种类型。

效仿型："因为谷歌在用，所以我们也要用"或者"我们读了《这就是OKR》，发现很多公司都在用，所以我们也应该用起来。"

宽泛型："我们运用OKR是为了促进聚焦，强化协同，改进执行力，增强责任感，提高透明度、参与度、清晰度，持续改进，并让组织通过学习将产出思维转变为结果思维。"我们解答"为什么用OKR"时，列出太多热门的词汇反而会稀释关键的信息。

好的答案可以解释领导层试图通过导入OKR解决的具体问题。下面三个例子都来自CEO，阐明了他们决定导入OKR的理由，例子最后简要分析了这些结论对设计要素的影响。

跨职能对齐

CEO谈"为什么要用OKR"："去年我们的规模翻了一番。随着规模的扩大，我们看到了大型企业典型的筒仓效应。为了保持我们的合作文化，我们正在引入OKR。我们相信OKR的共同语言可以消除这些筒仓效应的影响，改善团队间的沟通和协同。"

对设计要素的影响：聚焦最高层级的目标，让每个团队探索如何通过协作驱动高层目标的达成。将两三个高度依赖的团队作为跨职能小组并创建共同的目标，而非纯粹依赖组织结构图制定OKR。

聚焦

CEO谈"为什么要用OKR"："现在，我们有太多的事情要做，有无数的潜在项目可以开展。然而，如果我们在未来几年里开展更多业务，很可能就会在诸多领域招致失败，无法在核心领域获得成长。我们引入OKR正是为了帮助自己专注于最重要的事。"

对设计要素的影响：首先，每个团队都仅制定唯一的OKR，其次，明确一个近期需要聚焦改进的领域。要知道，我们的目标并不是用OKR囊括所有的工作。尽管公司可能需要制定若干个OKR，但在每个季度里，我们都要将其中之一作为主题，使每个人都能清晰工作的优先级。

更好地传达公司战略

CEO谈"为什么要用OKR"："作为领导层，我们认为自己拥有明确的战略。然而，我们得到的反馈往往很消极。大多数总监级别以下的员工要么觉得战略只不过是为了完成年度财务指标，要么压根就意识不到还有战略这回事。因此，我们必须阐明自己的战略，以确保管理层在每季度的更新中清晰地呈现战略。我们正在采用OKR这种已被广泛验证的目标设定框架，以一致的口径传达公司战略。"

对设计要素的影响：仅从公司层的OKR开始。公司战略通过定期会议（如在全员季度例会）清晰地传达给员工，以确保所有员工充分理解高层的OKR。

实践中，你很难在问客户"为什么用OKR"之后就能得到明确的回答。你不妨多问几次，从不同的来源获取信息。虽说领导层的回答是最重要的，但通过多方探询，就可以看出领导层导入OKR的动机与OKR项目经理、团队负责人和团队成员能否产生共鸣。⊖客户导入OKR的动机决定了他们对设计要素的选择。

⊖ 理想情况下，每个员工都应该能够清楚地表达为什么领导想要实施OKR，以及他们每个人如何从OKR中获益。我们发现越来越多的组织在员工敬业度调查中增加了关于问题如：OKR如何发挥作用，有多大作用？

◆ **教练辅导要领**

✓ 你需要通过与高管和 OKR 项目经理的面谈,确认客户实施 OKR 的原因。你和客户越清楚他们为什么要推行 OKR,你们就越容易在系统设计方面保持一致。

10 项通用设计要素

以下是本章将要解析的 10 项通用设计要素:

1. 我们在哪些层级设定 OKR,高层/公司层、团队层,还是个人层?
2. 我们应该制定多少 OKR,应该如何平衡内部目标和外部目标?
3. 我们如何给 OKR 评分,如何更新进度?
4. OKR 的周期应该多长时间?
5. 关键结果的三种类型分别是什么,里程碑型 KR 合适吗?
6. 我们应该在哪里起草、发布和跟踪 OKR,使用什么模板?
7. OKR 如何与绩效评估相关联?
8. OKR 与 KPI 有什么区别?
9. 如何确保 OKR 的对齐?
10. 如何确保大多数的 OKR 基于"自下而上"?

我们在哪些层级设定 OKR,高层/公司层、团队层,还是个人层

这项要素探讨的是:是否、如何以及何时在组织的不同层级制定 OKR。这些层级包括:①高层/公司层,②团队层,③个人层。我们建议将 OKR 循序渐进地导入不同层级,而不是在同一时间全面推广。举例来说,你可以选择从高层开始导入,高层获得成功后再导入团队层。阅读这

部分时，请注意，"高层/公司层"和"团队层"如何界定已经不像刚开始看起来那么明显。让我们先从高层/公司层的 OKR 开始吧。

高层/公司层

我们建议开始 OKR 教练辅导时，带着这样一种心态，即客户将通过设定公司层 OKR 受益。高层的 OKR 为公司其他层级的 OKR 提供了背景。要在公司的最高层级设定 OKR，你必须直接与 CEO 接触。假设你可以接触到 CEO，并且能够确认客户想要为整个公司设定 OKR 的话，那么高层的 OKR 就成了公司层的 OKR。虽然在很多情况下，特别是对于员工少于 500 人的小公司，将高层的 OKR 作为公司的 OKR 是有效的，但有的时候，也要对高层的 OKR 进行另一种界定。

人们可能会认为，在整个公司层面设定 OKR 是正确的起点。然而，这种假设是错误的。事实上，一般情况下，客户会设定一系列公司层面以下的高层 OKR。这里有两个原因：①可行性，②有效性。第一个原因可行性是显而易见的：你不一定能接触到 CEO，尤其是在那些拥有数千名员工的大公司里。第二个原因有效性则不那么明显：公司层 OKR 不一定有效。也就是说，设定公司层 OKR 的过程可能并没有价值。比如，我们的客户有许多来自全球 1000 强，它们拥有数百种产品和为数众多的部门，它们往往都已经有了成熟的战略规划体系。因此，这类大型组织在较低层次引入 OKR 通常更有意义。

我们的客户或将高层界定为 CIO（首席信息官）办公室，或将其界定为特定的业务单元，甚至是某个产品团队。一个已经制定了年度预算及相关指标的客户没有选择制定公司层的 OKR，而是在每个产品团队中设定一个高层 OKR，产品团队必须每个月按照公司的要求进行交付。一个拥有数十个业务单元的大客户选择为每个业务单元设置高层 OKR，该公司通过年度预算和指标仪表板，获取每个业务单元的财务数据。在它们看来，制定整个公司层的 OKR 完全就是画蛇添足。

团队层

我们建议在较低层级的团队导入 OKR 之前，先在高层实施 OKR，从而发挥领导层的示范作用。正如前言中提到的趋势，许多组织都在采用爬 – 走 – 跑的方法，有条不紊地推进 OKR。这的确是一件好事！如果你的客户非常渴望在多个团队中同步推行 OKR，那么请建议它们在大范围推广之前先在几个团队进行 OKR 的试点。客户选择如何在团队层面实施 OKR 是它们成功的关键因素。

客户对"团队"的定义可以成就或毁掉他们的 OKR 项目。2013 年，我在领先的 OKR 软件公司 Betterworks 工作，那时我们每一个 OKR 项目的实施都会先把组织结构图加载到软件中，这样一来，界定 OKR 团队的流程就自动化了。

如果我们能简单地依据组织结构图一对一的映射来界定团队，岂不是很好吗？毕竟组织结构图的方法既简单又方便。可不幸的是，事实证明，单纯基于组织结构图来界定 OKR 的团队，往往不能长期有效。虽然我们已经看到一些组织运用组织结构图的方法取得了成功，特别是在 OKR 项目首次启动的阶段，但我们却很少看到这种方法在整个组织 OKR 的实践中长期奏效的例子。

简单地通过组织结构图界定 OKR 团队是不可取的。我们之所以如此肯定，是因为已经有许多组织在运用这种方法失败后，向我们寻求帮助。它们最普遍的抱怨是，通过职能定义团队的方法加剧了筒仓效应，而没有强化团队协作。仅仅基于组织结构图来界定团队层的 OKR 常常与 OKR "对齐协同"的特征产生冲突。那么，如果我们不能依赖组织结构图界定 OKR 的团队，又该如何在团队层面制定 OKR 呢？

虽然在界定 OKR 团队方面，尚无一种方法可以适用于任何组织，但有几种方法可以结合工作的实际情况进行参考。下面的案例展示了三种最常见的方式，我们发现有些组织已经跳出了自己的组织结构图建立团队层 OKR，以鼓励跨职能的对齐协同。当你评估这三种方法时，请注意，它们不是相互排斥的。例如，你的客户可能会将有高度依赖关系的团队合并（案例 1），同时也会基于高层 OKR 界定跨职能团队（案例 3）。

案例 1：合并高度依赖的团队

2015 年，一家中型科技公司的工程经理问我："我们是否应该为产品团队和工程团队分别设置 OKR？"我说："既然你们的产品负责人和工程负责人是分开的，那么当然应该让他们各自设置 OKR。"换句话说，我一直坚持着一个假设，即 OKR 团队是由组织结构图决定的，但这并非正确答案。作为被聘请的所谓 OKR 专家，我的目的就是要帮助客户有效地推动 OKR！我与产品团队一起尝试着草拟他们的 OKR，才不过几分钟我们就发现，几乎每个关键结果都依赖于工程团队。由于这家公司实施 OKR 的目的是增进团队的协同性，所以我们立即调整了项目计划，以确保我们不会因为刻板地遵循组织结构图导致筒仓效应的增加。

基于让事情变简单的理念，我们将产品团队和工程团队合并成一个 OKR 团队，并将这个团队命名为"ProdEng"。接下来的一个周期，我们界定了与营销团队的关键依赖关系，进一步扩展了团队，纳入了营销团队的几名成员。随着这个 OKR 团队摆脱了"纯粹依据组织结构图界定"的限制，我们在团队的对齐协同方面前进了一大步。我们调整了一味依赖组织结构图来界定 OKR 团队的常规做法，开始把 OKR 作为一种通用框架，实现部分 OKR 在组织结构图上的共享。考虑到产品和工程仍然属于职能团队,有各自的工作节奏和执行周期,我们决定在产品团队和工程团队分别配置一位 KR 经理。我们发现,即使只是跨越组织结构图,将合适的人员纳入团队,也可以显著提升对齐协同的效果。上述方法也适用于销售与市场、IT 与财务,以及任何具有高度依赖关系的团队。

案例 2:利用现有的跨职能团队

2014～2016 年期间,我有幸在美国、加拿大和荷兰辅导过几家领先的在线分类广告商。加拿大的在线分类广告商完全放弃了职能团队 OKR 的概念。它们的组织结构图主要是为了明确汇报路线,与运用 OKR 的团队已经完全脱钩。

与基于组织结构图罗列的团队不同(例如,市场、销售、IT、财务、工程、产品等),运用 OKR 的团队实际上反映着不同客户群体的需求,同时也彰显出他们以客户为中心的文化。团队层 OKR 与跨职能团队相关联,这些团队的名字都以他们的客户开头。他们包括"买方小组""卖方小组""汽车小组""广告商小组"等。职能团队与跨职能团队之间的差异如图 3-1 所示。

职能团队	跨职能团队
基于组织结构图	包含不同职能的团队
制造	买方小组
工程	卖方小组
人力资源	汽车小组
法务	广告商小组
销售	
营销	
财务	

图 3-1 界定团队的两种常用方法

上述案例中的小组是基于客户群界定的。不过,这只不过是其中的一种方法。我们另一个客户,一家全球领先的电子商务公司,根据客户旅程的不同阶段界定了几十个小组。这些客户旅程小组包括："账户注册小组""结账小组""支付与反欺诈小组""配送小组"和"推荐小组"。

马蒂·卡根（Marty Cagan）在他的《启示录》一书中将跨职能团队法定义为产品设计团队的最佳实践方法。其书中是这样描述的，如下所示。

产品团队由一组跨职能的专业人员构成，通常包括一个产品经理，一个产品设计师，以及为数不多的工程师。有时团队中还需要纳入具有其他专业技能的人员，如数据分析师、用户研究员或自动化测试工程师……关键在于，尽管这些拥有不同技能的人通常来自公司的不同职能部门，但他们整天都会待在一起工作，天天如此。在大型公司中，有20到50个这样的跨职能产品团队并不罕见，每个团队负责不同的领域，都有属于自己的工作目标。

2017年初开始，我们发现越来越多的公司，特别是在高科技领域，超越了组织结构图，以跨职能团队为主体制定他们的OKR。易贝（eBay）、贝宝（PayPal）、亚马逊（Amazon）和沃尔玛（Walmart）等全球领先的电子商务公司都已组建了产品团队。一旦这类团队就位，组织自身会更加热衷基于跨职能团队制定团队层的OKR，而非基于组织结构图。

案例3：基于高层OKR界定跨职能团队

案例2中的公司在启动OKR之前就界定了跨职能团队。在这种情况下，我们建议根据现有的跨职能团队定义团队层的OKR。不过，很多公司并没有这种跨职能团队，在这种情况下，创建跨职能团队本身就会带来意想不到的收益。

从高层的OKR出发可以直接构建超越组织结构图的OKR团队。我们的一个客户X公司就是这样做的。在为X公司的主要领导举办工作坊之后，我们制定了一个聚焦于有机增长的高层目标。[一]CFO 指出，五年的财务模型依赖于将有机增长率维持在至少 50% 的水平上。可实际上，X 公司还没有一个团队专门负责有机增长。X 公司的领导团队没有要求每个职能团队基于高层的这项目标制定 OKR，而是决定创建一个专注于有机增长的新团队。这个团队由不同职能领域的管理者组成，负责设定并管理公司有机增长的目标。在这种情况下，制定高层 OKR 的过程就直接产生了一个新的跨职能团队。

现在我们已经介绍了界定 OKR 团队三种最常见的方法。接下来，让我们探讨在个人层设置 OKR 这一存在争议的做法。

个人层

如果你的客户想要在个人层面设置 OKR，我们建议将此做法作为备选项。事实上，除了谷歌，我们还没见过哪一个组织能够在要求所有员工设置个人 OKR 之后获得成功。一些组织要求每个人在规定日期前制定自己的 OKR 并上传至指定位置，同时将这种做法作为每个人必须遵从的规程。如此一来，不仅增加了管理成本，还造成了意想不到的后果。某 OKR 软件供应商的前客户经理匿名讲出的故事说明了其中的部分后果。

"我们有个客户非常愤怒，她是一个呼叫中心的经理。最近她的公司给每一位员工购置了 OKR 软件的个人用户端，并要求所有员工在规定日期前将他们的 OKR 发布到软件上。她说其实呼叫中心已经安装了一个跟踪系统，这个系统囊括了个人所有可能的甚至更多的 OKR 指标。她问我，在这种情况下每个人还把自己的目标上传到 OKR 软件中，他们又能得到什么

[一] 有机增长也叫内生增长，是指完全通过公司现有资产和业务，而非通过兼并收购方式实现销售收入和利润的增长。——译者注

好处呢。她声称,'在我们公司,除了我,没人关心呼叫中心员工的个人表现'。呼叫中心的员工已经有了一个实时仪表盘,完全可以衡量任何值得追踪的指标。跟踪工具的成本相当高,而且运行良好。我们与这位呼叫中心经理都觉得,近 200 名呼叫中心的员工都被迫把他们的指标复制粘贴到一个新的软件上,只不过是一种程序性的工作,这实际上是一种倒退。"㊀

我们建议至少在团队层 OKR 成功运行两个周期后,再尝试在个人层设置 OKR。的确,谷歌有成千上万的员工在个人层面设置 OKR。不过,通过我们与谷歌人的交流得知,尽管这种方法对某些员工来说效果不错,但仍有为数不少的人认为在个人层设置 OKR 纯属浪费时间。在极端情况下,个人层 OKR 已经成为与商业目标完全脱节的个人目标。㊁

我们在 Twitter 上见过一些团队,他们抛弃了设置个人层 OKR 的做法。原因有两个:一是,个人层 OKR 大多数看起来像是关键任务清单,而不是关键结果;二是,有些团队虽然达成了大多数个人层的 OKR,但团队层 OKR 却没有取得进展。在这种情况下,设置个人层 OKR 的做法就导致了意料之外的后果。个人倾向于关注个人的 OKR,而不是作为团队的一员来驱动更高层次的 OKR。㊂同样,如果个人的 OKR 不起作用,他们怎么会把自己的工作与 OKR 联系起来,他们又怎么会保持对 OKR 的热情?

个人可以(也应该)积极参与更高层次的 OKR。大多数人是通过以下角色参与到 OKR 之中的:①团队成员,② OKR 内部教练,③ KR 经理。个人经常在与他们的经理进行结构化的一对一面谈时讨论 OKR,从而将他

㊀ 案例来自匿名的 OKR 软件公司前客户经理。
㊁ 我们已经在谷歌看到了数十个个人层 OKR。其中一个令人难忘的关键结果呈现了一个非常私人化的目标:"在山景城买一套三个卧室的房子。"OKR 是为了让所有的员工实现个人目标吗?我们认为不是。
㊂ 更多关于设置个人层 OKR 的优缺点(主要是缺点)的信息,请参见《OKR:源自英特尔和谷歌的目标管理利器》。

们的努力聚焦于驱动 OKR 进展的工作。切记，不要试图用 OKR 管控所有的工作。个人同样需要把他们的时间分配到维护健康度量项的日常工作之中（例如，更新软件以确保网站的正常运行时间 >99.99%）或者单纯满足合规性要求的工作（例如，提供报告以支持审计人员）。⊖

结论

上述从最高层次的 OKR 开始并避免要求个人层 OKR 的原则具有普遍的指导意义。不过，界定 OKR 团队的方法可能才是所有设计要素中最重要的。对你的客户来说，这也是一次把他们的企业文化融入 OKR 项目的良机。让我们通过上述三个案例总结说明一下。

你需要层级分明的文化。 也许你会选择纯粹基于组织结构图中的职能界定 OKR 团队。这样的选择下，OKR 可以帮助你强化组织结构的严密性。

你需要培养横向对齐和跨职能协同的文化。 你可以考虑将两个乃至更多高度依赖的职能团队合并，从而构建 OKR 团队，这将带来一种彼此拥抱、相互依赖的效果。你还可以先确定最高层的 OKR，然后看看是否会有 X 公司那样的跨职能团队出现。

你需要以客户为中心的文化。 你可以考虑基于跨职能团队的模型来界定运用 OKR 的团队。正如马蒂·卡根所建议的那样，构建这类团队主要是为了解决确定的业务问题，迎接技术挑战或满足客户群体的需求。如果你的客户已经有了跨职能团队，我们建议你采取这个方法。

◆ **教练辅导要领**

√ 从设定最高层的 OKR 开始，为其他层级设定 OKR 提供背景。

⊖ 请参阅本章中第 9 项设计要素，了解华为的员工如何将其 OKR 与更高级别的 OKR 以及健康度量项相匹配。

✓ 谨记爬－走－跑的信条，建议你的客户在扩展 OKR 应用范围之前，要先取得小规模团队试点的成功。
✓ 如果客户希望在个人层设置 OKR，建议他们将这种做法作为备选项。
✓ 个人应当作为团队成员、OKR 内部教练，或 KR 经理为 OKR 做出贡献。
✓ 管理者应当与团队全体成员合作，确保日常工作对 OKR 的驱动作用，以及维持健康度量项。

我们应该制定多少 OKR，应该如何平衡内部目标和外部目标

2010 年时，大多数团队会设定 5 到 7 个目标，每个目标会有 3 到 5 个关键结果。然而，OKR 教练们信奉的信条则是"少即是多"。十年后，我们发现设定 3 个以上目标的团队反倒很少见。事实上，少量的目标对团队来说，很可能是好事，毕竟 OKR 就是为了聚焦。我们建议将 OKR 限制在一个高度聚焦的领域，而不是试图用 OKR 反映任何工作。一般来说，虽然我们建议每个团队最多制定 3 个目标，每个目标最多 4 个关键结果，但是 OKR 的最佳数量因团队而异，所以不必太过严格地限制数量。⊖我们大多数客户都明白不应该用 OKR 管控所有的工作，所以会要求每个团队专注于 1 到 3 个目标，且这些目标需要他们投入 40% 到 80% 的努力。虽然你应该遵循"少即是多"的原则，但某些团队也可能会从另一种方法中受益。

尽管不常见，但有些团队的 OKR 可能涵盖了它们 90% 以上的工作。对于那些为多个利益相关者服务，并不断被新项目诉求淹没的团队来说，

⊖ 我们的一个客户严格要求每个团队设定 3 个目标，每个目标包含 3 个关键结果。他们希望通过这种做法明确结构并确保聚焦。我们建议减少限制，OKR 项目经理迅速调整了他们的要求，"每个团队最多 3 个目标，所有关键结果的总数不得超过 9 个。"

这种方法效果不错。它们把 OKR 当作盾牌，避免团队成员在 OKR 周期中脱离预定的方向。它们用 OKR 来传达一个信息："凡是没有在我们 OKR 中出现的工作，都无法立即得到处理。"这些团队倾向于制定五个目标，每个目标包含五个关键结果。虽然我们并不建议所有的团队都将 90% 的工作纳入 OKR，但我们一部分客户却发现，这种方法对那些需要沟通工作优先级的团队来说，相当有效。就我们的经验而言，工程、平台和基础架构团队有时会从这种方法中获益。

有些 OKR 专家建议所有的团队都向一个目标对齐，这是另一种极端的情况。⊖ 虽然有些团队可以从多个 OKR 中受益，但我们更倾向于从唯一的 OKR 开始。尤其是在开始的时候，少比多好。客户可以在下一个周期逐渐增加 OKR 的数量。因此，我们基本的指导原则是：在启动阶段聚焦于 1 到 2 个目标，最多 3 个。不过，虽然我们从不建议团队在一开始设置 2 个 OKR，但你不妨挑战一下客户，让他们起草 2 个目标，以平衡内部目标和外部目标。

2017 年，我们几个客户声称他们只有唯一的目标，但当我们深入了解后却发现，他们实际上设定了 2 个 OKR，一个内部 OKR、一个外部 OKR。他们认为专注于对外部客户和内部团队的积极影响，同样重要。外部目标专注于对团队外部施加积极影响。我们所有的客户几乎都会聚焦于外部目标。你一定非常熟悉这类目标，下面是来自客户的几个例子：

外部目标一：扩大 X 产品的客户群。

外部目标二：拿下比利时市场。

外部目标三：在年度漫画节上成功推出 X 产品。

面向客户的团队通常驱动外部目标，而人力资源、财务等支持团队通常拥有内部目标。内部目标服务于流程改进，通过对员工的影响，促进团

⊖ 克里斯蒂娜·沃特克是推荐单一目标最著名的 OKR 专家。

队更好地开展工作。以下是客户的几个内部目标：○

内部目标一：以工程师为重点，改进我们的入职流程。

内部目标二：创建敏捷的网络安全文化。

内部目标三：识别盈利来源。

通过提问帮助客户明确他们究竟需要制定多少数量，以及何种类型的目标：

1. 如果你只能设定一个目标，那么它会是内部目标还是外部目标？

2. 要求每个团队都同时创建内部目标和外部目标有价值吗？

3. 如果高层 OKR 全都是外部目标，是否允许某些团队设置内部目标？提示：可以！对齐是基于目标意义与价值的对齐，而非数字化的分解或逻辑上的承接。○

◆ **教练辅导要领**

√ 少即是多：在开始应用 OKR 时，限制其数量。最多 3 个目标，每个目标不超过 4 个关键结果。

√ 尽管不常见，但某些团队可能通过设定 5 个目标，每个目标 5 个关键结果而受益。这些 OKR 几乎体现了他们近期的全部工作，从而管理他们在短期内交付或不交付工作的预期。

√ 考虑同时制定内部目标和外部目标。

我们如何给 OKR 评分，如何更新进度

关键结果的评分对 OKR 的成功至关重要，不过，我们建议不要给目

○ 要了解这三个外部目标的"为什么现在"，参见第 4 章中的电子邮件示例。要了解这三个内部目标的"为什么现在"，参见第 5 章 OKR 创建七步法中的第 3 个步骤。

○ 参见第 3 章图 3-7 的举例。

标评分。因为我们常常听到来自不同组织的反馈，给目标评分衍生的问题远超其产生的价值。至今我们还没有见过任何人，可以通过关键结果的平均分导出目标的总体得分。^㊀有些组织将目标得分列表，对团队绩效进行排名。这种做法破坏了运用OKR的意义，束缚了志存高远的团队，逼得他们为了捍卫分数而放弃成长。

客户对关键结果的评分方法将塑造他们的OKR项目。在我开展OKR教练辅导的早期，我就已经意识到许多组织没有为关键结果评分的明确方法。因此，我开发了一个标准的评分系统，并将其命名为"志向预评分"。我们的大多数客户从一开始就采用了这种评分系统，并认为对他们OKR的成功至关重要。不过，没有任何一个理想的评分方法可以对所有组织都有效。作为一名教练，你至少应该熟悉最常用的三种评分方法。

1. **《OKR工作法》**：所有的关键结果都依据50%的信心指数设置，且只有完成或未完成两种可能。

2. **《这就是OKR》**：关键结果分为"承诺型"或"愿景型"。对承诺型关键结果的期望是100%达成，评分为1.0。愿景型关键结果的评分在0～1之间，理想的得分是0.7。

3. **志向预评分**：所有的关键结果都描述为渴望获得的成果，尽管它们仅有10%～20%实现的可能性。同时，每个关键结果还被赋予一个拥有90%信心指数的承诺值，和一个50%信心指数的冲刺值。

无论客户采用哪一种评分方法，都要确保其统一性。如果不同部门采取不同的方法给关键结果评分，那么OKR项目注定会失败。我们为早期的客户提供了多种不同的方法，并推荐其中的一种，但有些组织并不愿意采用推荐的方法，所以我们就让他们尝试用其他方法评分。直到2018年，

㊀ 如果你有为目标评分产生积极影响的案例，请发至Ben@OKRs.com。OKR教练网将基于本书译者李靖的研究与实践经验，进一步研究为目标评分的问题。

我们才意识到不应该给客户这么大的弹性。

一些 OKR 项目经理表示，希望我们能要求所有团队在一到两个周期内先采用统一的评分方法。在此之后，团队可以去探索不同的评分方法，并与 OKR 项目经理达成共识。以下是三种最常见的评分方法及其演进过程。

二元评分（甲骨文）

2011 年，我在一家小型创业公司首次运用 OKR，那时我们没有使用任何评分量表，而是采用了 20 世纪 80 年代末在甲骨文行之有效的方法进行评分。每个关键结果只有达成或者未达成两个评价标准。这就是二元评分，非常简单。比如关键结果是"在季末获取 10 个新客户"，而实际上增加了 9 个新客户，那这项关键结果就是没有达成。事实上，这种方法源于一种假设，那就是你在季度中期就已经获取了 10 个新客户，然后你将标准提高到 15 个，并最终在季末获取了 20 个客户。这种方法被称为"设定高标准并超额完成"。[⊖]

一条不成文的规则是，如果团队实现了目标，大家就会庆祝，团队中可能也会有人得到提拔。同时，获得 OKR 成功的团队中，达成目标的个人将有更大的可能获得奖金。

这个评分系统并不完美。假设一个团队的关键结果是"签约 10 个新客户"，但最终签了 9 个新客户。二元评分系统可能会让人有挫败感，因为签约 9 个新客户会被视为不合格，虽然差距并不大，但依然会让人感到失败。甲骨文的二元评分方法建立在设定高标准和超额完成的基础上，这与谷歌的 OKR 文化截然相反。在谷歌，搞砸自己所有的 OKR 才算得上是最糟糕的事。

⊖ 与杰夫·沃克的私人讨论，他在 80 年代末担任甲骨文 CFO 时提出，OKR 的文化是"设定更高标准，取得超额成就"。

周期结束时从 0 ～ 1 进行评级（谷歌）

2013 年，谷歌风投（Google Ventures）的视频发布，我才知道他们是如何给 41 个 OKR 评级的。㊀ 这个方法是为了将组织中所有 OKR 的评分标准化。1 分代表完全达成，0 分意味着毫无进展。谷歌文化重视目标的挑战性，事实上，如果所有关键结果的得分都为 1，那就意味着你所设定的目标不够挑战。我曾听到一位谷歌人的故事，他设定了极高的目标，而且全部达成了。很明显，大家都觉得他是在耍滑头，故意这么做。㊁ 谷歌标准化的评分方法是有效的，已经被成千上万谷歌人的实践所证实。该方法让所有人都清楚如何评分。尽管算不上十分完美，但它所解决的问题远比制造的问题多。别的不说，至少它能使沟通同频，让人们对目标实现程度的讨论更加顺畅。

关键结果的志向预评分（拉莫尔特的系统）

我们发现大多数组织要么只是在季末评分，要么就是在季度中间的几个时间段进行评分，但在制定关键结果时却从未定义评分规则。几乎我们所有的客户都认为事先建立评分标准很有价值。当我们用文字定义这些标准时，关于 "0.3" 或 "0.7" 的讨论就会更有意义。在和文森特·德鲁克（Vincent Drucker）（没错，就是彼得·德鲁克的儿子）沟通后，我开发了图 3-2 所示的评分规则，许多客户都觉得这个评分规则很有效。

让我们通过一个案例来说明事先制定关键结果评分标准的价值。案例是关于一位工程副总裁的年度目标及其关键结果。

㊀ 注意谷歌的用词是 "评级"。虽然这个词常常与 "评分" 混用，但我们坚持使用 "评分"，因为 "评级" 强调的是评价而非学习。我们认为 OKR 应当注重学习而非评价。

㊁ 这个故事出自约翰·杜尔在旧金山参加 Betterworks 举办的 2015 目标峰会上的发言。故事的真假无关紧要，重要的是其中的寓意。

推荐使用0-1评分系统

"挑战值/1.0"
提问：达到何种程度会让人觉得不可思议
信心指数：10%~20%
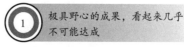
极具野心的成果，看起来几乎不可能达成

"冲刺值/0.7"
提问：何种程度是我们能达成的极限
信心指数：50%
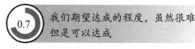
我们期望达成的程度，虽然很难但是可以达成

"承诺值/0.3"
提问：何种程度是我们团队可以确保的
信心指数：90%
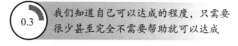
我们知道自己可以达成的程度，只需要很少甚至完全不需要帮助就可以达成

没有任何进展

图3-2　在设定每个关键结果时，分别定义"预评分"的承诺值、冲刺值和挑战值

年度目标： 推出新产品，吸引新客户。

关键结果： 在第三季度末发布新产品ABC，并获得100名付费用户。

0.3/ 承诺值 = 产品原型通过测试，并在第四季度发布。

0.7/ 冲刺值 = 发布新产品ABC，并获得10名付费用户。

请注意，关键结果应当按照1.0的水平描述其挑战值。而且，在最终确定关键结果前，还应当就0.3承诺值和0.7冲刺值展开讨论，以便在OKR周期开始之时就何种成果是我们承诺确保的、何种结果是我们期望实现的达成共识。我们刚刚推出这个评分模型时，一些客户起初担心定义三个层次会花费太多时间。事实上，一旦你实际运用就会发现，定义这些评分标准只不过需要几分钟而已。运用这种方法，工程经理可以让工程副总裁理解0.7和1.0的水平是不可能实现的，甚至就连0.3的程度都过于挑战。因为工程经理从法务部门得知，组织直到下一个季度才能获得销售产品的许可。令人惊讶的是，工程副总裁竟然对这一法律障碍浑然不觉。

预评分的实践让工程副总裁意识到获取付费用户的限制，进而调整预期。在最终确定关键结果前进行这样的讨论，可以确保每个人的意见一致。在这个案例中，为了更好地管理预期、整合资源，工程团队调整了他们的关键结果。具有讽刺意味的是，最初由工程副总裁亲自起草的承诺值最后变成了挑战值。

> **关键结果：** 在第三季度末，10名测试用户的积极反馈，使新产品的原型获得成功，并在四季度中期之前发布。㊀
> 0.3 / 承诺值 = 获取1名测试者对原型产品的反馈。
> 0.7 / 冲刺值 = 5名测试者安装原型产品，并提供积极反馈。

预评分的另一种形式是与二元评分相结合。在这种情况下，分数仅仅是关键结果的信心指数。《OKR 工作法》采用了这种方法，每个关键结果以 5/10 的信心指数开始，并在每周进行更新。正是这种变化引发了讨论。㊁

期中评分：历史与预测

我们辅导的许多组织已经开始采用关注进展的评分系统，他们以"完成 X%"的形式衡量每个关键结果的进展。我们不仅不会劝阻你去监控关键成果的实际进展，还要大胆地建议你加入预测性元素。让我们回到"10 个新客户"的关键结果，来分析预评分为何如此有价值。

㊀ 这个案例中，原来对关键结果 0.3 的描述变成了 1.0。这是一个比较特殊的案例，但它可以说明，运用一套标准的评分系统可以确保人们事先对所有关键结果的承诺值和挑战值有明确的期望。

㊁ 关于这个话题，克里斯蒂娜·沃特克是这么说的："如果你给自己的信心设定了 5 分（满分为 10 分），那它是上升还是下降了？讨论一下原因。"
资料来源：http://eleganthack.com/mondaycommitments-and-friday-wins/。

假设我们在这个季度的第一个月就签下了 6 个客户。那简直太好了，我们已经完成了 60%！不过，如果此时渠道枯竭或一个重要的销售代表刚刚辞职，那么团队就不会认为他们还能签下更多的客户。在这种情况下，最好能有一个评分系统来反映该关键结果在周期内不太可能超过 60%。在此，预评分可以作为早期的预警系统，更好地管理预期，减少管理层力求避免的意外情况。

非数字预评分

迄今为止，我们对评分的分析主要集中在关键结果的实际进展方面。不过，关键结果的数字得分往往不能说明全部情况。比如，你的客户可能会实现获取 5 个新客户的关键结果，但却依赖于员工加班。这种情况下，KR 经理给出的信心指数可能会较高，但他内心的声音却是"我们有望实现关键结果，但是……"如果对关键结果的感觉不好，他们可以把关键结果标为红色或用一个痛苦的表情来表达这种感受，从而促使团队一起解决问题。有些系统只是用颜色来表达数字，而有一些系统运用颜色则是为了通过关键结果的数字合理地呈现进展。⊖

我们有个客户设定的关键结果是获取 10 万的移动应用下载量。他们原本有望获得 20 万的下载量，但这些下载量的质量却非常糟糕。事实上，他们是通过购买低质量的下载量来愚弄系统，以达成关键结果。关键结果并没有驱动正确的行为表现。由于质量如此之低，关键结果得分就成了"红色 1.0"。现实中也可能出现"绿色 0"这样与之相反的情况。

在得分为"绿色 0"的案例中，关键结果虽然没有通过数字展示出进展，但实际上已经取得了积极的进步。比如关键结果是在本季度获取 5 个

⊖ 《这就是 OKR》提供的方法通常将关键结果的分数用红色、黄色和绿色来表达，但这些颜色无法捕捉 KR 经理对数字之外的感受。

新客户，而实际上一个都没有，那么该关键结果的得分自然是0。但是，如果有10个新客户等着在下一季度签约，他们会认为应该将此项关键结果标注为绿色。㊀

OKR的评分系统仍在不断发展。一些组织可能最终会采用兼顾的方法，此方法将基于预测和参考历史的两种评分方法并将两者结合使用。一些组织将关键结果分为"探月"（moonshot）和"天台"（rooftop），我们在《这就是OKR》所提议的"愿景型"和"承诺型"的方法中也看到了同样的思考。

第一次运用OKR的组织常常无法理解评分方法明确统一的重要性。不过，可以预见，当越来越多的组织因缺乏匹配且明确的评分方法陷入困境时，关于评分的话题自然就会得到更广泛的讨论。现在让我们总结一下当前实践中最常见的三种评分方法。

三种常见评分方法的分析

在《OKR工作法》的评分方法中，所有关键结果都是以5/10的信心指数设定，这种设定是基于团队大致可以达成一半关键结果的预测。每周根据预测的信心指数以1到10分对信心指数设定进行更新。信心指数的任何变化都应当引发团队讨论。OKR周期结束时，关键结果只有"完成"和"未完成"两种情况。在实践中，团队的关键结果常常是"要么全有，要么全无"。也就是说，有的团队可能会达成他们所有的关键结果，而有的团队则可能一个也实现不了。在设定下一周期OKR时，团队应当学会调整他们目标的挑战程度，以便更好地管理预期。当组织需要用简单轻便的方

㊀ 我有幸与乔·特拉梅尔和科斯团队共事，他们是二元评分系统的早期倡导者，他们称其为"可能性与质量"。"可能性"是指对目标成果的量化预测。"质量"反映的是量化成果之外的进步。更多内容，请参见 https://www.khorus.com/blog/likelihood-and-quality-the-two-metrics-at-the-heart-of-khorus/。

法启动 OKR 时，《OKR 工作法》的评分系统是相当不错的选择。

《这就是 OKR》的评分方法要求将关键结果分为"承诺型"和"愿景型"。周期结束时，每个关键结果都会在 1 到 10 之间得到一个特定的分值，通常被称为评级。尽管这种方法鼓励团队同时设定"承诺型"和"愿景型"的关键结果，但大多数团队还是更重视承诺型。在现实中，我们发现，几乎每一个运用这种方法的团队设定的承诺型关键结果都更像是待办事项清单。就算他们设定了愿景型的关键结果，也往往是"事后诸葛亮"。由于大多数关键结果都用二元评分的方法写成里程碑式的承诺型，所以评分的流程经常导致混乱。举例来说，我们曾看到一个最终得分为 0.4 的关键结果"三季度末获得在中国建设的许可"。这里的 0.4 到底会是什么意思呢？

我于 2014 年开发了**志向预评分的方法**。运用这种方法时，所有的关键结果都描述为挑战值，一般以 10% 的信心指数来界定。同时，每一个关键结果还会预设承诺值和冲刺值。承诺值以 90% 的信心指数来界定，其高度可控且极少依赖外部因素。冲刺值一般以 50% 的信心指数来界定，介于承诺值和挑战值之间。根据我们的经验，这种方法是最有效的。不过，部分组织在刚开始运用 OKR 时先采用《OKR 工作法》提供的方法，在 OKR 运用成熟后再采用志向预评分的方法，同样也会受益。表 3-1 对上述三种最常见的评分方法进行了比较。

表 3-1　关键结果三种常见评分方法的比较

方法的分析	评分方法		
	《OKR 工作法》（沃特克）	《这就是 OKR》（杜尔）	志向预评分（拉莫尔特）
是什么	所有关键结果都以 5/10 的信心指数设定	将每一个关键结果区分为"承诺型"和"愿景型"	用承诺值、冲刺值、挑战值描述每一个关键结果
何时采用	当组织需要用简便的方法启动 OKR 时	当运用 OKR 的主要意图是提升责任感时	当需要聚焦少数目标，构建挑战文化，追求成果而非产出时

（续）

方法的分析	评分方法		
	《OKR工作法》（沃特克）	《这就是OKR》（杜尔）	志向预评分（拉莫尔特）
优势	简单：整个组织中所有的关键结果都采用一个标准的评分水平	责任感：明确要求100%达成承诺型关键结果	挑战和协同：促使所有人思考每一个关键结果的挑战性成果，并运用承诺值和冲刺值**管理预期**
局限性	模棱两可的中期评分：如果我们确定能够达成关键结果的80%，那该怎么办？我们的得分是0还是8	OKR太多：团队常常制定像待办清单一样多的承诺型关键结果，而不是聚焦于少数愿景型关键结果	过于雄心勃勃：每个关键结果都具有挑战性，可能不适于那些希望把OKR作为报告系统，呈现他们工作产出与承诺的团队
聚焦绩效评价还是学习与沟通	沟通和学习：信心指数的变化常常引发对话，从而促进聚焦和协同	评价：用0～1之间的数字为关键结果评级。最终得分常常用于绩效评价	沟通和学习：在整个周期中报告分数，重点是总结经验并运用于下一个周期

◆ **教练辅导要领**

√ 给关键结果评分并非简单地对员工进行绩效评价，而是积极地：①沟通目标，②管理预期，③持续学习。

√ 至少在两个OKR周期内，采用统一的方法给所有的关键结果评分。

√ 考虑同时设定一个内部目标和一个外部目标。

√ 考虑添加一个"质量"维度，使用颜色或快乐/悲伤的表情符号来促进跟踪对话，而不仅仅是数字。

√ 谨慎使用《这就是OKR》的评分方法。它可能会诱导团队写下一个庞大的"承诺型"关键结果的清单。尽管这种方法对部分团队有效，但我们不建议将所有的工作纳入OKR。如果团队想要编制一份待办事项清单，去列清单就好，不必使用OKR。

√ 我们建议在发布关键结果之前，运用预评分系统就0.3/承诺值，0.7/冲刺值，和1.0/挑战值达成共识。

OKR 的周期应该为多长时间

第一个 OKR 周期从一个月的快速试点到一整年不等。不过，我们建议要避免在开始时以一个月为周期，因为在这么短的时间内实施 OKR 一般都很困难。无论你的周期多长，我们都建议让所有的团队在开始运用 OKR 时采用统一的周期。统一的周期可以确保所有团队保持一致的节奏，并在此期间分享经验。大多数团队都会以季度作为周期。不过，正如我在前言中提到的第 6 个趋势，许多组织正在把它们的周期调整为 4 个月。

大约在 OKR 运行一年之后，很多组织不再要求所有的团队统一周期。㊀虽然大多数团队会继续采用默认的周期，但部分团队可能会在完成一到两个周期后要求做出调整。此外，默认周期持续的时间可能会根据组织内不同的层级呈现出差异。

依照经验，高层的 OKR 往往更具战略性，周期一般会更长。相对较低层级的 OKR 往往更具操作性，因此周期会较短。沿着这个逻辑，如果组织的 OKR 项目包含个人层 OKR，那么个人 OKR 的周期往往非常短。OKR 教练网的创始成员、印尼的 OKR 教练 Mulyadi Oey 发现，事实上，很多人通过设置一到两周的超短 OKR 周期而获益匪浅。对个人而言，这种较短的周期是最理想的实践方法。我们的一些客户发现，即使是单个团队也可能需要设定多个不同的周期。

针对最高层级，组织通常会制定高层年度目标，及其全年和当前季度的关键结果。当一个特定的 OKR 拥有两个周期时，我们将其称为双重节奏。在这种情况下，公司层 OKR 有 12 个月和 3 个月两种周期。双重节奏中，较长的周期几乎都是一年，但较短的周期可能会有所不同。Adobe 的

㊀ 我们的客户发现，最好在第一个周期坚持统一的周期，以便优化和学习。甚至可以在第二个周期中继续保持。不过，如果某个团队想要调整周期，我们建议展开讨论，而非一味地强制所有团队保持统一。

一个产品团队非常智慧，他们设定年度目标后，同时制定了年度和半年度的关键结果，从而使他们的周期更加灵活。

高层目标在一年之中通常不会发生变化。事实上，保持高层目标的一致性是正确的。稳定的高层目标给组织中较低层级的员工提供了更多的时间，以便他们充分理解高层目标，并将其作为创建团队 OKR 的背景。

团队层 OKR 的周期一般是三到四个月，但这并非不可改变。有的组织会为不同层级的团队设定不同的周期。我们在银行业的一个大客户将 OKR 团队划分为三个层级。他们将这三个层级统称为"级"：一级团队制定年度目标和年度关键结果，进行季度回顾；二级团队设定年度目标和半年度关键结果，进行季度跟踪；三级团队制定季度目标和季度关键结果，并在季度中进行跟踪。

◆ **教练辅导要领**
- √ OKR 的第一个周期要保持统一。
- √ 至少在完成一到两个 OKR 周期后，再探索采用不同的周期。
- √ 尽管组织通常会以三个月为一个周期，但不妨尝试采用四个月的周期，以减少假期等因素造成的影响。
- √ 考虑为需要平衡长期目标和短期目标的团队设定双重节奏。比如，一个团队可以同时制定年度和季度的 OKR。
- √ 具有多层级 OKR 的大型组织，通常会为较低层级设定较短的周期。

关键结果的三种类型分别是什么，里程碑型 KR 合适吗

关键结果有三种类型：度量型、基线型和里程碑型。其中，度量型 KR 最为普遍，其表现形式为"将 A 指标从 X 移至 Y"。当 X 缺乏基础数

据，而客户又希望通过指标反映目标的进展时，我们就会采用基线型 KR。如果客户希望在未来的 OKR 周期中将某个基线作为衡量关键结果的初始指标时，他们就应当致力于建立该基线。㊀大多数领导团队都可以为最高层的目标设定一套可靠的指标衡量关键结果。但是，许多团队在确定关键结果的指标时却存在着困难。

每年都有数十个团队向我们反馈，他们的关键结果通常更像是反映工作产出的任务清单，而非反映成果的指标。与度量型 KR 不同，里程碑型 KR 往往不包含数字。里程碑是二元的——要么实现，要么没有实现。众所周知，里程碑反映的是工作产出而不是结果，那么是否应该保留里程碑型 KR 呢？

有些 OKR 教练建议完全杜绝里程碑型 KR。在《这就是 OKR》一书中，虽然约翰·杜尔盛赞玛丽莎·梅耶（Marissa Mayer）的观点，"没有数字，就不是关键结果。"但是，在这本书中，约翰却还是提供了里程碑型 KR 的例子，比如"开发演示版本"。㊁我想，玛丽莎可能不会对这个关键结果感到满意！作为 OKR 教练，你应该与客户一起把那些看起来像待办清单的关键结果转换为可以衡量成果的关键结果。下面，我们通过一段虚拟的 OKR 辅导对话来具体说明。

客户：我的关键结果是开发一个演示版本。

教练：开发演示版本预期的成果是什么？我们如何知道该演示版本是否成功？

客户：嗯，如果我们能得到客户的积极反馈，那就是成功的。但我能

㊀ 关于基线型 KR 重要性的更多信息，请参见第 1 章中的第一个教练摘录，以及后记中基线 NPS 的案例。

㊁ 在评论约翰·杜尔的书时，我的好朋友、OKR 专家菲利普·卡斯楚（Felipe Castro）指出："列出的 60 个关键结果中，有 32 个（53%）缺少数字。其中包括'制定传统技术的退出计划'，以及'专注于招聘球队经理/领导层'。"

保证的只是在本季度完成演示版本的开发，要得到反馈恐怕有点难。

教练：好的，将要演示的是什么，我们怎么知道正式的演示版本已经开发出来了？

客户：我们正在为 X 产品开发演示版本，它是否已经开发出来并可以使用将由我们的销售团队来决定。最终，我们的客户将决定它是否有价值。

教练：你是否会承诺向销售团队或客户展示这个演示版本？

客户：我不能把它展示给客户看，因为那是销售团队决定的事。但我可以在内部向我们的销售团队展示。

通过更多 OKR 的教练辅导，客户可能会得到以下优化的关键结果：①关注成果，②界定承诺与挑战，③明确"演示"的是什么，谁可以认定"开发"完成。

关键结果：3 个客户在观看新产品 X 的演示后签订购买合约。

0.3/ 承诺值 = 在我们的测试环境中向销售团队展示 X 产品，以获得反馈。

0.7/ 冲刺值 = 向 5 个潜在客户展示产品，获得购买可能性的反馈。

在这段虚拟的辅导对话中，草拟的关键结果，"开发演示版本"变成了 0.3/ 承诺值。而 1.0/ 挑战值才真正反映出客户的兴趣。正是这个对产品感兴趣的客户数量，反映了他们最终希望取得的成效。毫无疑问，玛丽莎应该更喜欢这个优化后的关键结果，因为它有数字。

作为一名卓有成效的 OKR 教练，你要帮助客户将里程碑型 KR（如：制作 X 产品的演示版）转化为令人振奋的成果（如：签署 3 个 X 产品的客户）。这些结果将改变指标，而不仅仅是描述任务的达成。因此，所有关键结果都应该是个指标，至少在理论上是这样。然而，在实践中，里程碑型

KR可能同样具有价值。所以，我们建议，在你建议客户完全放弃里程碑型KR之前要三思。相反，应当鼓励客户将大多数关键结果设定为度量型，同时允许里程碑型KR偶尔出现。

不能说所有里程碑型KR都不好，但你要思考的是，里程碑型KR有没有可能呈现出令人振奋的成果。仔细想想这两个里程碑型KR的例子：①调研在中国申请许可证所需要的文件，②获得在中国新建项目的许可。第一个里程碑型KR是反映工作产出的任务。这项任务可控，一个人在一周之内应该就可以完成。第二个里程碑型KR不是任务。在中国获得建筑许可取决于诸多外部因素，涉及多项任务，并非完全可控，因为它取决于颁发许可证的机构。要通过问题引导客户，把反映工作产出的类似任务的里程碑转化为反映成果的关键结果。

◆ **教练辅导要领**

- √ 度量型：帮助客户将大多数关键结果设定为度量型（如：将A指标从X移至Y）。

- √ 基线型：如果客户还没有可以衡量目标进展的指标，就考虑设定基线型KR。换句话说就是，"找到X值"，这样客户就可以在下一个周期设定从X移至Y的度量型KR。

- √ 里程碑型：并非所有里程碑型KR都不好！教练辅导中的提问可以帮助客户进一步思考价值链，将任务转化为成果。

- √ 使用评分将衡量工作产出的里程碑KR转换为衡量成果的里程碑KR或者指标。可以通过虚拟的辅导对话来启发，将类似于任务的关键结果"开发演示版本"转换为度量型KR，如"3个客户在观看新产品X的演示后签订购买合约"。

我们应该在哪里起草、发布和跟踪 OKR？使用什么模板

2013 年，我开始收费辅导。那时，我们会在团队起草 OKR 的模板上面标注"草稿"二字。每个团队会在微软 Word 文件中使用自己的起草模板，然后优化他们的 OKR。所有的 OKR 最终确定后，才会把它们填入电子表格进行发布。今天，我们所有的客户都喜欢在同一个环境中起草 OKR，并在统一的位置发布最终的 OKR，通常是电子表格。虽然我们部分客户仍然在使用微软 Word 起草，用微软 Excel 发布，但从 2016 年开始，我们许多客户开始使用谷歌 Docs 起草，并用谷歌 Sheets 发布。

2015 年第一波 OKR 应用软件开始流行，但据我们所知，它们都没有"草稿模式"。换句话说，一旦你把自己的 OKR 输入系统，它们就会被视为最终确定的版本。一家 OKR 软件公司的 CEO 表示，从一开始就在软件中起草 OKR 可以保持简便，从而更好地支持协作。他认为，添加"草稿模式"只会增加工作，并使流程复杂化。但是，实践中我们发现，在 OKR 被最终批准前，要求员工把他们的 OKR 输入公开透明的软件系统中，会让大多数人感觉别扭。更糟糕的是，如果没有区分，人们就无法判断哪些 OKR 是草稿，哪些已经最终确定。因此，将两者进行区分自然成了我们所有客户的共识。⊖

起草 OKR 时要灵活。我们建议向客户提供 OKR 起草模板。团队可能会通过微软 Word 文件、谷歌 Slide 或者其他格式的文档使用你提供的起草模板。这都没什么问题，大多数客户会鼓励团队自主选择起草 OKR 的工具，只要他们自己觉得舒服就行。但是，所有的客户都会要求在统一的位置以统一的格式发布 OKR。因为，在统一的位置记录所有的 OKR 会提高其透明度、责任感和协同性。我们将这个固定的位置称为"OKR 跟

⊖ 好消息：我们已经在 2020 年得知，至少有一款 OKR 软件提供草稿模式。

踪看板"。①

建议客户在寻求专门的 OKR 软件之前，先创建自己的 OKR 跟踪看板。你可以花一两个小时辅导客户创建乃至填充他们的 OKR 跟踪看板。几乎每个月都会有已经购置了 OKR 软件但还没尝试过制定自己的 OKR 的组织与我们联系。不知为什么，这些组织相信采购的软件可以让它们尚未实践的流程实现自动化。所以，我们建议在购买专用的 OKR 软件之前，至少先让几个试点团队完成一个完整的 OKR 周期。只有在客户实践了自己 OKR 流程的前提下，通过软件提高效率以及扩展应用范围，才会更有意义。

◆ **教练辅导要领**
  √ 向客户提供 OKR 起草模板。
  √ 草拟 OKR 时要灵活，可以使用微软 Word 等熟悉的工具。
  √ 在 OKR 跟踪看板上发布所有的 OKR。
  √ 通过至少一个完整周期的实践，构建自己的流程，再考虑通过软件提高效率以及扩展应用范围。

OKR 如何与绩效评估相关联

确保客户的 HR 负责人和高层发起人参与这个部分的系统设计工作。尽管这个问题没有唯一的正确答案，但我们必须就两种错误的回答达成共识。

第一种错误的回答是，OKR 是关乎绩效评估和薪酬的官方系统。为

---

① 更多 OKR 跟踪看板的信息，以及在 OKR 周期中与客户一起使用的方法，请参阅第 5 章。OKR 教练网的成员可下载 OKR 跟踪看板。

了确保不把 OKR 理解为绩效管理系统，要避免将 OKR 和新的绩效评估系统同时导入。理想的状况是，在 OKR 导入至少一年之后，再增加新的绩效管理系统。我们建议谨慎采用既可用于 OKR 又可用于追踪绩效评估数据的人力资源软件。使用这种集成软件的员工经常反映，用一个软件管理 OKR 和绩效评估，会让人觉得 OKR 与绩效评估本质上就是一回事。

第二种错误的回答是，OKR 与绩效评估及薪酬毫无关联。一家领先的科技公司的高管曾被问及，在 OKR 项目成功启动后，希望自己能做出哪些不一样的事情。他答道："我希望自己从未说过 OKR 是与绩效管理完全解耦的。这就是我在看谷歌 OKR 视频时认为自己应该说的话。"紧接着他解释道，OKR 和绩效管理应该有明显区分，但也应该彼此关联。

现在的问题是"区分但相关"是什么意思？我们又回到了最初的问题：OKR 应该如何与绩效评估关联？以下两个原则，在所有花费时间界定 OKR 与绩效评估及薪酬激励关系的组织中引起了广泛的共鸣：

1. **应当通过结构化问题将 OKR 纳入绩效评估的面谈中**。这类问题有助于管理者的角色向教练。
2. 关键结果的得分**不应**被用来计算奖金。

第一，应通过结构化问题将 OKR 纳入绩效评估面谈。

OKR 的设定通常基于团队层面，而绩效评估则是针对个人的。考虑到团队层 OKR 反映的是团队近期改进的焦点，那么将个人绩效评估纳入团队 OKR 的结构化讨论中就是顺理成章的事。我们的许多客户设定了一系列可以纳入绩效评估的问题。这些问题是由他们实施 OKR 的动机决定的。

我们建议客户将若干与 OKR 相关的问题纳入绩效评估的过程。此外，管理者可以在与直接下级一对一的面谈中采用这些问题。[一]以下是我们客

[一] 参阅《这就是 OKR》中的资源 3，"沟通：绩效对话"。

户所采用的，在影响、聚焦、沟通和学习方面的问题示例。

影响：你觉得自己对哪一个关键结果的贡献最大，你是如何做到的？

聚焦：你是如何通过OKR促进自己聚焦的？你是如何运用OKR更好地安排自己工作优先级的？你能用OKR拒绝低优先级的项目吗？

沟通：你是如何利用OKR更高效工作，更有效沟通的？你是如何为其他团队的OKR做出贡献的？

学习：你从哪些关键结果中收获了经验？今后你将如何应用这些经验？

虽然有些组织在正式的绩效面谈中纳入了OKR的相关问题，但也有些组织将绩效考核的一对一面谈和OKR的面谈进行了区分。我们一个客户本来就有季度绩效评估的流程，他们的OKR周期又恰好是4个月。结果，他们无意中发现，这两个不同的周期带来了两个意料之外的收益：①更容易区分OKR和绩效评估，②一对一的结构化面谈从每年4次增加到了7次。

在一年中，经理们当然可以进行不止7次一对一的面谈，但这7次是正式要求的，而且会被人力资源部门予以记录。虽然OKR和绩效管理之间可能会有部分重叠，但是分别进行OKR和绩效管理的面谈已经达成了广泛共识。如果客户希望管理者和他们的下级产生更多的链接，那么这种方法就会让他们产生共鸣。

第二，关键结果的评分**不应**用于计算激励性薪酬。

激励性薪酬应独立于OKR进行核算。部分关键结果可能与激励性薪酬毫无关系，而部分关键结果可能与奖金密切相关。例如，像销售额这样的度量型KR就经常成为计算奖金的部分依据。这没有问题。决定薪酬的是关键结果的指标值，而不是得分。这种区别很微妙，但很重要。OKR应该让我们有长远的想法，共同致力于有挑战性的目标。将关键结果分数与薪酬挂钩，会诱使员工设定较低的目标，并可能强化筒仓思维。这里有两个典型的例子。

例1：关键结果的指标值（不是得分）与奖金直接相关。

销售团队的关键结果： 本季度新增销售额达到300万美元（预评分：0.3/承诺值=50万美元，0.7/冲刺值=100万美元）。

本例中，销售团队将根据新增销售收入的额度获得奖金，因此该指标的实际值与奖金直接相关。这没有问题。但是，奖金并不取决于是否达到了0.3/承诺值、0.7/冲刺值或1.0/挑战值，而是根据指标本身的实际数值计算的。

例2：关键结果不与奖金挂钩。

人力资源的关键结果： 将VP候选人的电话筛选量从上月的40个增加到本月的80个（预评分：0.3/承诺值=40个，0.7/冲刺值=60个）。

本例中，没有根据电话筛选的候选人数量计算奖金。虽然这对组织来说仍然是一个重要的指标，但是关键结果的得分和该指标的数值都不能决定奖金的数量。人力资源团队的部分成员确实会依据空缺岗位的填补数量获得一些奖金。但是，填补副总裁的岗位空缺却并不是人力资源团队在这个周期的关键结果。当前OKR周期关注的仅仅是缩小搜索范围。

◆ **教练辅导要领**

要（Do）

√ 评估现有的方法。如果客户已经有绩效评估的系统，应当先向HR负责人进行了解。

√ 将OKR与绩效管理相关联。与OKR项目经理、HR负责人和高层发起人就如何将OKR与绩效管理关联达成共识。

√ 将OKR纳入绩效评估。客户应该设定一系列与OKR相关的结构化问题，并将其纳入 OKR 团队的绩效评估流程中。

不要（Don't）

✓ 使用 OKR 来计算奖金。将关键结果的得分作为计算激励性薪酬的依据会阻碍挑战思维。

✓ 同时引入两个系统。同时推出 OKR 和新的绩效管理体系会造成困惑甚至焦虑。

✓ 从个人层 OKR 开始的做法，将模糊 OKR 与绩效评估之间的区别。

OKR 与 KPI 有什么区别

如果客户正在运用 KPI 评估绩效或计算激励性薪酬，那么 OKR 与 KPI 的区别就是两者关系中最重要的部分。我们专门讨论这项设计要素是因为，许多客户尽管还没有正式的绩效评估流程，但也都提到了 KPI。他们很担心如何让 OKR 与 KPI 并存。他们顾虑两个系统要么是多余的，要么会在某种程度上产生冲突。我们先来做一个高度概括，接着再对 OKR 和 KPI 进行详细比较。

概述：OKR 与 KPI

根据数百个组织运用 KPI 的经验，我们可以肯定地告诉你，"KPI"这个术语并没有标准的定义。一些公司同时使用"KPI"和"指标"两个术语。也就是说，指标也会被称为 KPI。有的公司只有一个 KPI，而有的公司却有成千上万个。⊖有些组织专门用 KPI 来核定激励性薪酬；而有

⊖ 我们一个客户唯一的 KPI 是"间夜量"。公司所有人都清楚，他们的目标是获得更多的客房预订量。他们监控着数千个指标，但只选择了这一项指标作为 KPI。我们举这个例子是因为它很罕见。我们的大多数客户都有几十个，甚至上百个 KPI。

些组织只是通过 KPI 评估组织的业绩，它们甚至都还没有激励性的薪酬方案。

与 KPI 不同，关键结果有标准的定义。关键结果回答的问题是："我们如何知道特定的目标在特定的日期前已经取得了可衡量的进展？"但是由于"KPI"没有标准的定义，所以组织对 KPI 和 OKR 的关系感到困惑也就不足为奇了。

运用 KPI 的组织常常疑惑，是否应该用 OKR 替代现有的 KPI 系统。提出这样的问题，反映了它们根深蒂固的一种误解。在 OKR 和 KPI 之间进行选择是错误的。OKR 应当和 KPI 协同发挥作用。如果一个特定的 KPI 反映的是近期要改进的重点，那么它就是一个关键结果。如果 KPI 只是用于监控的指标，而非近期改进的重点，那它就属于健康度量项。度量型 KR 通常基于基础的 KPI。

我们举例说明 OKR 和 KPI 是如何协同工作的，假设一个公司的目标是"实现财务目标"，以下是该目标的三个关键结果：

1. 公司营收从第一季度的 500 万美元增至第二季度的 1000 万美元。

2. 将毛利率从一季度的 20% 提高到第二季度的 25%。

3. 将现有市场的经常性收益从第一季度的 40 万美元提高到第二季度的 60 万美元。

这些度量型 KR，每一个都包含**明显的 KPI**！换句话说，度量型 KR 就是指在设定的时间范围内将某个 KPI 从 X 移动到 Y。

而在团队层，里程碑型 KR 更为普遍。里程碑型 KR 不会直接转化为 KPI。区分度量型 KR 和里程碑型 KR 有助于阐明 OKR 和 KPI 的关系。假设某营销部门的 OKR 如下。

> **目标：** 实现可持续增长。
>
> **关键结果：**
>
> 1. 启动营销自动化系统，通过在一季度末推送首个系列的客户培育邮件。
>
> 2. 在一季度末，将**线索获取成本**从去年四季度的 100 美元降至 95 美元。

请注意，**线索获取成本**是营销团队的 KPI。然而，"推送首批客户培育邮件"不可能是 KPI；这样的描述属于里程碑型 KR。尽管里程碑型 KR 没有用数值描述为从 X 到 Y，但它将在未来的 OKR 周期中对 KPI 产生影响。例如，实现了启动营销自动化系统的里程碑型 KR，可能不会影响当前 OKR 周期的线索获取成本。但是，预计它会对未来的 KPI 产生影响，如图 3-3 所示。

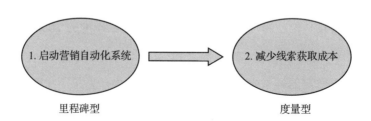

图 3-3　设计在未来影响 KPI 的里程碑型 KR

KPI 与 OKR 的深入解析

目标是定性的陈述，不能与量化的 KPI 相提并论。因此，首要的问题是"KR 与 KPI 有何不同？"本节通过表格呈现 KR 和 KPI 的各项区别，然后逐一进行简要的分析。我们的部分客户将表 3-2 纳入了他们的培训材料。

表 3-2 KR 和 KPI 的区别

区别	KR	KPI
是否基于目标设定？	总是，依据定义	有时
是否与薪酬挂钩？	部分情况下是，但并非其设计意图	总是，大多数情况下
是否向所有人公开？	几乎总是	有时
是否专注于维持健康度量项？	极少	总是
是否通过目标传达战略？	总是	不是
是否为了增强团队间的协同？	总是	极少
是否明确近期的重点/优先级？	总是	有时
团队是否可控？	部分可控	可控
是否由团队通过对话自下而上地创建，而非基于公司的指令？	大多数	极少

是否基于目标设定

KR 和 KPI 之间最明显的区别是，KR 是基于目标设定的。这个目标概括性地呈现了当前实现它的必要性。尽管 KPI 有时也会基于更高级别的目标设定，但它们往往缺乏相关的背景，只是以一系列指标的形式呈现，从而量化组织某些方面的绩效。

是否与薪酬挂钩

KPI 通常是专门为匹配激励性薪酬的结构而设计的，OKR 则不是。OKR 应该与薪酬解耦。虽然 OKR 的分数不是确定激励性薪酬的依据，但它常常会被作为绩效管理中定性评估的一部分。OKR 与薪酬解耦最重要的原因还要追溯到安迪·格鲁夫的初衷，那就是 OKR 应该有挑战性。

是否向所有人公开

安迪·格鲁夫创建 OKR 的灵感源自目标管理（MBO），而目标管理系统却经常被用于确定激励性薪酬。因此，目标管理通常是管理者和员工之间的秘密。与 MBO 一样，KPI 通常也会与薪酬挂钩，因此同样会在管理者和员工之间保密。

安迪·格鲁夫想把 MBO 提升到一个新的层次。他坚持认为，OKR 必须在整个组织中可见。事实上，如果人们可以在整个组织中看到用统一格式明确定义的目标，协同就具备了基础。对于 OKR 来说，问题不在于是否公开，而在于公开到什么程度。⊖

大多数教练都会建议客户，让 OKR 在整个组织中公开透明。但是，我们有些客户在启动 OKR 项目时，只向特定的员工群体（如总监级别以上）提供访问权限。⊖ 因为几乎所有组织都默认 OKR 对所有人透明，我们就没有把它作为一个通用的设计要素。但是，部分组织还是会限定公开的范围，因此我们将公开透明纳入了本章末尾的"其他设计要素"中。

是否专注于维持健康度量项

许多组织将它们衡量的指标归类为 KPI。不过，这并不意味着你所测量的东西就是关键结果。如果我们将 KPI 视为公司度量的一系列指标，那么 KPI 要么是关键结果，要么是健康度量项。如果公司决定在短期内专注于提升某个 KPI 的价值，那么这一特定的 KPI 就会被归为关键结果。如果 KPI 不是近期改进的重点，则将其归类为健康度量项，并且健康度量项应属于可接受的范围。比如，虽然网站的正常运行时间可能是一个 KPI，但如果网站当前的正常运行时间达到了 99.99%，它就不太可能成为关键结果，作为近期改进的重点。想想看，设定关键结果让团队"将网站的正常运行时间从 99.99% 提高到 99.999%"会有意义吗？

⊖ 2015 年约翰·杜尔在旧金山接受采访时，分享了一个在男厕便池上方张贴 OKR 的例子！这可能有点极端，但这的确是公开 OKR 的一种方法。

⊖ 虽然我们还没有进行过正式的研究，但坊间数据表明，在欧洲，限定查看 OKR 级别的现象比在美国更为常见。

是否通过目标传达战略

关键结果表明客户将如何衡量战略目标的实现。而 KPI 通常是孤立存在的，与战略没有明确的联系。我们看到过类似于"三年内更新笔记本电脑的百分比"等可以明显衡量的 KPI。这些 KPI 可以用来衡量绩效和奖金，但它们通常与战略目标无关。⊖

是否为了增强团队间的协同

KPI 通常是用来衡量团队绩效水平的。团队成员非常关心他们自己的 KPI。不过，他们对其他团队 KPI 的完成情况可不感兴趣。事实上，当他们自己实现了 KPI 而其他团队没有达成时，他们甚至会产生某种优越感。相反，OKR 谋求让员工共同努力以取得可衡量的进步。因此，OKR 常常在不同的团队之间共享。正如第一个设计要素所指出的，制定 OKR 甚至还可以促进跨职能团队的形成。

是否明确近期的重点 / 优先级

KPI 不需要特定的时间框架。KPI 只是指标，如"收入""间夜量"和"净推荐值"。KPI 在设定的时间范围内可能有目标值，也可能没有。由于 KPI 包含健康度量项，因此 KPI 的列表可能会变得非常庞大。KPI 通常是为了在仪表板中进行报告，而不是为了反映近期工作的优先级。

相反，度量型 KR 被写成"在规定时间内将指标 A 从 X 增加到 Y"。关键结果是为了阐明组织如何在确定的周期内衡量重要目标的进展。虽然部分关键结果可能会长时间使用，但在 OKR 的反思和重设中，大多数关键结果都会被修改、删除或延迟。而 KPI 则往往年复一年保持不变。

⊖ 关于驱动激励性薪酬的 KPI 如何与战略目标联系（或冲突）的话题不在本书讨论的范围。不过，如果 KPI 可能与战略冲突，卓有成效的 OKR 教练应该提醒 OKR 项目经理或高层发起人。

团队是否可控

由于 KPI 经常被用来评估团队的绩效，所以很自然，KPI 往往是团队完全可控的。然而，关键结果常常是具有挑战性的结果。这样的结果一般会依赖于外部因素，而这些因素可能不是团队完全可以控制的。这没问题，但请注意，志向预评分系统和《这就是 OKR》的评分系统都区分了"承诺值"和"挑战值"。在这两种情况下，承诺值都应该是可控的。尽管如此，所有的评分系统，包括《OKR 工作法》，都提倡通过关键结果让团队走出舒适区，而不是设定它们完全可控的结果。

是否由团队通过对话自下而上地创建，而非基于公司的指令

由于 KPI 经常被用来衡量绩效，甚至决定奖金，所以它们往往来自高层。不过，虽然大多数目标来自高层，但大多数关键结果却来自团队成员，而不是领导。需要澄清的是，虽然有的关键结果会（也应该）来自高层领导，但创建关键结果的过程应该包括团队成员和领导之间有意对话的结果。这一点很好地诠释了两项设计要素，即如何确保 OKR 的协同以及大多数关键结果源于自下而上。

◆ **教练辅导要领**

- √ OKR 和 KPI 协同发挥作用；它们不是相互冲突的系统。
- √ 与关键结果不同，KPI 没有标准的定义。
- √ 当 KPI 成为近期改善的重点时，可以作为关键结果。
- √ 不是近期改善重点的 KPI 可归类为健康度量项。
- √ 参考图 3-5 为客户创建培训材料，以区分 KR 和 KPI。

如何确保 OKR 的对齐

在探讨如何帮助客户确保他们的 OKR 对齐协同之前,让我们先来看看错误的方法——直接承接。这种方法的可取之处是从最高层的 OKR 开始。但是,在直接承接时,较低层级的 OKR 必须是较高层级 OKR 的子集。约翰·杜尔以虚拟的足球队为例很好地说明了这种直接承接。这个例子说明了高层的关键结果如何成为低层团队的目标。⊖我们已经看到不少 OKR 软件通过展示 OKR 的层层承接,说明在组织各个层次上对齐 OKR 的便捷性。乍一看,似乎很不错,但在实践中却完全不是那么回事。

直接承接的方法违反了 OKR 的两个基本原则。首先,如图 3-4 所示,它意味着高层级的关键结果成了低层级团队的目标。我们甚至还听到过这样的说法,把被直接承接的关键结果称为"子目标的父目标"。其次,目标是定性的,而关键结果是定量的,二者怎么可能一样?

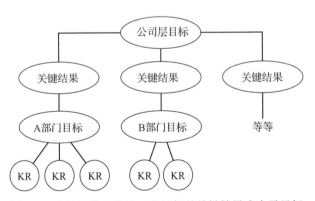

图 3-4 直接承接的方法:父目标的关键结果成为子目标

在实践中,直接承接的方法不可能激发低层级的团队。这种情况下,低层级团队起草自己的 OKR 时,只是在复制粘贴高层级的 OKR,而不是

⊖ 我曾惊讶地看到,约翰·杜尔在《这就是 OKR》一书中,曾同样以该足球队的例子来解释 OKR 在谷歌是如何承接的。约翰本人在 2015 年澄清道,"OKR 不需要逐级耦合。"不过,这个例子有力地印证了 OKR "紧密耦合"的传说。

独立思考。尽管我们还从未见过这种方法在实践中发挥什么作用，但如果你的客户想要用OKR来强化等级文化，而且他们碰巧又是一支职业足球队，那这种方法可能行得通。

从理论上讲，直接承接的方法的图表，直观地说明了OKR是如何自上而下连接的。这种方法可以推动问责制，即如何让较低层级的员工对较高级别的目标负责，并且让所有团队知道他们应该如何为最高层级的目标做出贡献。然而，我们发现每一个直接承接的组织都失败了。因为，这种方法削弱了跨职能的协同性。如果上层的关键结果由某个团队独自负责，那么每个团队就只会关注他们自己的任务，回到各自为政的状态。如果杜尔足球队例子中所呈现的紧密承接方法在实践中不起作用，那什么方法可行呢？

我们建议每个团队记录他们的目标是如何与高层战略相结合的（以及与其他团队横向对齐），并以此分析自己的目标为什么在当前很重要。然后，再通过高管和团队负责人的讨论，确认目标的一致性。

图3-5展示了我们一个客户是如何在没有联结到任何更高层级OKR的情况下，使团队OKR保持对齐的。在这种情况下，确认对齐的是对话，而不是一组箭头。我们选择这个例子是因为直接承接甚至不可能对齐团队层OKR。

这个数据平台团队运用OKR的批判性思维框架制定了自己的内部目标，成功地将存储从遗产数据库中迁移出来。虽然他们的确是以更高层级的OKR作为背景，但他们并非通过复制粘贴高层的OKR来创建自己的目标。接下来，团队负责人与CEO讨论了该目标，并说明了该目标在当下对他们团队的重要性。当他们达成共识的时候，对齐就自然形成了。CEO认可了将存储从遗产数据库中迁移出来的重要性，并批准了该团队的目标。

最后，我们用中国领先企业华为确保OKR对齐所采用的三个步骤来对本节进行总结。请注意，该过程强调通过讨论使 OKR 对齐，而不是直接承接。我们发现华为的方法很有见地，因为他们的 OKR 是在团队和个人层面设置的。我们认为，华为在较低层级取得成功的关键是他们不会试图用 OKR 管理所有的工作。直接承接似乎意味着，任何从事与高层级 OKR 无关任务的人都无法为公司做出贡献。然而，在华为，员工会与他们的经理对齐，创建他们自己的 OKR，以维持健康度量项或执行其他工作，即使这些 OKR 没有在更高层级的 OKR 中得到反映。通过这种方式，即使个人的工作不是直接从更高层级的 OKR 承接而来，他们的贡献也是有价值的。

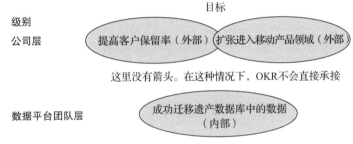

图 3-5　非直接承接的方法对齐团队层 OKR

贡　献　者

况阳，前华为 OKR 项目经理，
《绩效使能：超越 OKR》作者

在华为，我们通过三个步骤确保 OKR 的对齐。

首先，领导者将所有团队成员召集到会议室，讨论团队的 OKR。在会议上，领导者总结上一周期的结果，并指明下个周期的方向。随后，基于领导的总结和更高层级的 OKR，团队成员讨论和细化目标与关键结果。

其次，一旦团队层 OKR 确定下来，团队成员就开始制定他们个人的 OKR，并与团队的 OKR 对齐。大多数情况下，个人的 OKR 与他们团队的 OKR 是对齐的。不过，并不需要严格的对齐。如果个人 OKR 和更高层的 OKR 没有明确的对齐关系，团队成员就会和领导者通过对话进行对齐。这个时候，个人的 OKR 通常侧重于维护健康度量项或执行合规性的工作，而这类工作往往不会在团队 OKR 中体现。

最后，一旦 OKR 设置好了，我们就会将所有的 OKR 上传到我们的 OKR 跟踪平台上。所有的 OKR 都在同一个位置，任何人都可以查看和评论他人的 OKR，包括领导者的。如果有人不认同你的 OKR，他们还可以发表评论。

◆ **教练辅导要领**

要（Do）

√ 将高层 OKR 作为创建较低层级 OKR 的背景。

√ 鼓励客户详细说明低层目标如何与高层目标相联系，纳入每个目标"为什么现在？"的分析之中。

√ 像华为一样，与领导讨论较低层级的 OKR 以确认对齐。

不要（Don't）

√ 使用直接承接的方式制定 OKR。

√ 将高层级的关键结果直接作为下一层级的目标。

√ 通过复制粘贴高层级的 OKR，制定低层级 OKR。

如何确保大多数的 OKR 基于"自下而上"

我们 OKR 教练社区的所有人一致认为，大多数关键结果应该吸取团队成员的智慧，而不是上级的指令。当 OKR 运转良好时，团队成员通常会觉得是他们的见解发挥了作用，而不是简单地听从上级的命令。积极采取自下而上的方法对促进人们参与OKR的推动发展，以及彼此的对齐协同至关重要。某些组织可能采取极端的自上而下或自下而上的方法。

我们曾见过一位CEO写下了全公司每一个团队的OKR，然后问大家，"有什么问题吗？"在这种极端的自上向下的方法中，CEO只是独断地制定了OKR，然后发号施令。团队成员则感觉被排除在OKR的制定过程之外。

另一种极端的做法是，一位CEO采取了完全自下而上的方法。我们曾通过工作坊辅导一家150名员工的公司，那时我们花了几个小时起草公司层的OKR。通过实践每个人都获得了参与感，并了解到许多关于公司目标的信息。不过，我们一般不会推荐这种方法，因为让这么庞大的团队制定最高层的OKR效率极低。那么，客户该如何在上述两种极端之间找到理想的平衡呢？以下是我们的实践经验。

目标通常是自上而下制定的，团队负责人会在OKR共创会开始时阐明制定目标的背景。并在共创会之前征求大家对目标的意见。然后，团队成员根据目标的内涵起草大部分的关键结果。有些领导会选择留在现场，让团队成员执行整个流程，而有些领导者会在介绍目标及其重要性，并在与团队成员达成共识后离开，让团队成员自由思考。几个小时后或者第二天，团队负责人返回现场，检查草拟的关键结果。然后领导和团队成员一起讨论和完善他们的OKR。

一些组织选择采用纯粹自上而下的方法制定第一个周期的OKR。它们可能是有意为之，以便在扩展OKR的应用范围之前，先让领导层适应OKR的工作方式。之后，它们会在第二个周期中激发团队成员的参与感。这种方法之所以有效，是因为第一个周期能够在实际的工作背景下向团队成员介绍OKR。毫不意外，团队成员的反馈认为，他们的第一个周期是失败的，因为它太自上而下了。但是，他们在下一个OKR周期将会非常投入，并乐于为制定团队的 OKR 做出贡献。在第二或第三个周期结束时，这些团队就会习惯运用 OKR 的框架，协同一致专注于 OKR 可衡量的改进。

◆ **教练辅导要领**

√ 团队负责人制定团队的大部分目标。

√ 团队成员制定大多数的关键结果。

√ 当团队起草 OKR 时，团队负责人应当介绍目标并阐明其重要性。

√ 第一个周期可以采取完全自上而下的方法，以确保领导层适应 OKR 的方法，然后在第二个周期中引入自下而上的方法。

其他设计要素

我们已经深入解析了 10 项通用的设计要素。我们建议在第一阶段中多花点时间来解决这 10 个问题。虽然这些通用要素对某些组织来说可能已经足够，但在进入第二阶段之前请放慢步调与 OKR 项目经理和高层发起人一起仔细检查系统设计的方案。确认客户是否准备好发布他们的推动计划。⊖ 同时还要提醒客户，不同的组织通常会额外考虑一些因素，从而通过 OKR 彰显其独特的文化和方法。举几个例子也许可以启发客户进一步地思考。以下是其他设计要素的示例：

我们如何确保关键结果在数量和质量之间取得平衡？

我们如何平衡前导指标和滞后指标？

我们将如何处理对印度市场的依赖？

⊖ 帮助 OKR 项目经理创建 "OKR 常见问题解答"。OKR 教练网的成员可以获得 OKR 常见问题的模板示例。

OKR 在组织的哪些层面公开？

我们是否应该明确界定不予以资源配置的领域？[一]

☞ **第 3 章 练习：基于某个客户的 OKR 项目，编写一份 OKR 常见问题解答。**

你的 FAQ 文档应该包括所有 10 项通用的设计要素。

此外，请务必回答"我们为什么选择运用 OKR？"

奖励：扩展你的 FAQ，纳入其他设计要素，以觉察客户 OKR 项目的细微差别。如果有意进一步讨论，请将独特的设计要素发送至 Ben@OKRs.com

---

[一] 约翰·杜尔讲过一个关于 Lotus 公司 CEO 会议的故事。应用 OKR 的同时创建了"NOKR"。"N"代表"不是"。Lotus 使用"NOKR"来指定不应该做的事："Lotus 不应该做硬件。"我们有些客户也在采用"NOKR"的概念来表明他们不会予以聚焦的事项。

第 4 章

教练辅导第二阶段：
导入培训

通过本章的学习，你将可以：

- 明晰 OKR 工作坊的三种类型。
- 设计三种类型工作坊的议程。
- 基于客户 OKR 项目的设计要素创建培训材料。

第 3 章对 10 项通用设计要素进行了详细的分析。你和客户可能很想立刻组织工作坊开始起草 OKR。如果是这样，那么你很可能会犯我上次在巴黎时所犯的错误。千万不要这样。你需要多花点时间和 OKR 项目经理一起确定这些要素。虽然它们是开展 OKR 培训的基础，但就这些设计要素达成共识只是培训准备的第一步。之后你还有更多的工作要做。

以下是 OKR 教练在筹备 OKR 工作坊时经常遇到的 8 个问题：① OKR 工作坊有哪些类型？②你可以分享线下工作坊的实际流程吗？③如何做好远程培训？④哪些人应该参加？⑤如何避免常见的陷阱？⑥什么样的互动

练习效果最好？我该如何引导？⑦我应该让学员在课前预习哪些内容，做哪些准备？⑧需要为客户提供哪些材料？本章将回答这些以及更多相关的问题。

从背景和自我介绍开始

在正式开始 OKR 的培训之前，先让学员中的关键成员介绍一下自己。学员先发言，往往会让他们更加专注。另一个额外的好处是，如果有人来得晚了一点，他们也不会错过重要的信息。这种情况下，你不妨将预定的开始时间延后五分钟，而不是让大家干坐着等待每个人就位。

我们发现两分钟的自我介绍效果最好。每个学员介绍自己的姓名、所在的部门和岗位，以及他们觉得 OKR 能给组织和团队带来的好处。你还可以邀请曾经运用过 OKR 的人，谈谈他们之前的公司哪些方面做得好、哪些不太好。接下来，作为 OKR 外部教练，你需要介绍一下自己。介绍完成后，用一张幻灯片展示 OKR 工作坊的议程，包括两个部分：①理论，②应用。

理论和应用：OKR 工作坊的两个部分

第一部分，理论，相对简短，主要由你来讲。第二部分，应用，是一个互动式的工作坊，让每个人应用理论分组讨论。我们先来看看如何构建理论部分。

培训第一部分：理论

理论部分一般从 OKR 的概述开始。介绍 OKR 的来源、定义、价值，

OKR 与 KPI 的关系，并举例说明什么是 OKR，什么不是。在讲座的形式下，学员的注意力可能会在 15 分钟后分散，因此我们建议用 2～3 个简单的互动练习来保证学员的参与。有两种互动非常有效：①辨别关键结果和健康度量项，②提问如何让写得很差的 OKR 变得更好。下面是我们培训材料中一个互动练习的示例，用来帮助客户辨别关键结果和健康度量项（见图 4-1）。㊀

练习：辨别健康度量项和关键结果

关键结果： 需要在近期聚焦的可衡量的"改进"
举例：_____

健康度量项： 需要持续监控的指标，而非立即改进的重点
举例：_____

图 4-1　OKR 工作坊互动练习示例

工作坊练习示例说明

- 展示如图 4-1 所示的幻灯片
- 要求学员分享他们目前正在跟踪的几个指标
- 将每个指标分类为健康度量项或关键结果
- 持续时间：5～10 分钟
- 谈话要点：
  ▶ 仅仅因为你在衡量，并不意味着它就是一个关键结果。
  ▶ "如果健康度量项超出其健康范围，那么它可能优先于 OKR"
  ▶ "随着时间的推移，关键结果可能会转变为健康度量项"

㊀ 参考后记中"无效和有效关键结果的例子"为你的培训课件添加一张幻灯片。OKR 教练网的成员可以获取更多练习范例。

在理论部分用"X公司OKR"的方式呈现客户将如何导入和运用OKR。这里的X公司是指你的客户。通过这个部分阐明客户如何界定各项设计要素，以及为什么做出这样的选择。这也是你强化OKR概述中一些核心要点的机会。比如，你可能已经强调过，在开始阶段限制OKR数量的重要性，那么此时你便可以阐明X公司已经决定在高层设置两个目标，并将团队目标限制为一个。

大多数设计要素只是在培训时宣布一下。不过，在培训之前，我们建议与高层发起人及项目经理确认，看看他们是否需要根据培训的议程调整部分设计要素，尤其是在高管团队参加的情况下。此举会让OKR的系统设计得到更充分的支持，让高层领导参与论证这些设计要素，哪怕只是其中一两个，都将提升他们支持项目计划的可能性。学完理论，就该开始应用了。最好将大部分时间分配给应用部分。记住OKR教练的信条：学习OKR最好的方法，就是实践。

培训第二部分：应用

OKR工作坊有三种不同的类型，每一种的目的和对象都各有不同。因此，与客户就每个工作坊的对象、时长和目标达成共识非常重要。对线下工作坊来说，至少要安排两个小时，最好是一整天。远程OKR工作坊应力求简短。我们的客户发现，远程培训在2～3小时之间，效果最好。虽然这三种类型的培训并没有特定的先后顺序，但我们将以常规的顺序逐一呈现。

应用1：高层OKR工作坊

最好方式就是从高层OKR工作坊开始，这样可以为下级创建OKR提供背景。该工作坊由相关高级管理人员参加，如果可能的话最好邀请CEO

出席。我们建议把理论部分限制在两小时内。高管团队常常会希望在一个小时内开始创建他们的OKR，所以请相应地调整时间。如果可行，可以将这个工作坊作为战略务虚会的一部分，以评估长期战略，从而为创建OKR提供背景。

由于高层OKR工作坊往往会引出一些预想不到的重要话题，所以你必须灵活一点。随着研讨的进行，你有必要在这一天当中与高层发起人频繁确认，以确保工作坊按计划进行。预料之外的讨论可能会让你很难把控议程，也可能会让你感到不自在。不过，高层OKR工作坊的目的并非履行既定的议程，而是让领导层运用OKR的框架积极探讨。所以，你必须做好调整议程的准备。⊖

高层OKR工作坊的目的

所有的高层OKR工作坊都有一个共同的目标，那就是起草至少一个OKR，大多数情况下还要对其进行优化。所以，你应该依据客户各项设计要素的特点设计高层OKR工作坊。例如，如果你采用的是我们所推荐的预评分系统，那么就应当鼓励客户完善关键结果的承诺值、冲刺值和挑战值。你必须和高层发起人以及项目经理就高层OKR工作坊的目标达成共识，从而确保在规定的时间内实现。

如果现场的高层OKR工作坊为期一天，那么你可能有时间起草几个OKR并完善其中的一两个；如果只有半天，我们建议适当地管理预期，将目标限制为起草一个OKR并完善一个关键结果；如果是远程培训，建议分为两节课，每节课大约需要两小时。第一节课的目标是讲解理论并开始起草OKR，第二节课的目标通常是完善OKR。

⊖ 本章后面ACME Homes的案例研究将说明如何调整既定议程。

高层 OKR 工作坊前期准备工作邮件示例

你可能需要给项目经理提供一些方法,帮助他做好工作坊的准备工作。以下是一封 OKR 项目经理发送给高管们的真实邮件,其目的是通知参会人员为即将举办的高层 OKR 工作坊做好准备。你可以参考该示例,帮助项目经理准备高层工作坊。

自: OKR 项目经理
至: 高层 OKR 工作坊全体成员
时间: 提前一周通知,提前 1~2 天提醒
主题: X 公司高层 OKR 工作坊相关准备工作
内容:
大家好,我们的高层 OKR 工作坊将于 XX 日举行,请在此之前预习以下材料:

- 阅读:《OKR:源自英特尔和谷歌的目标管理利器》第 1 章(保罗·R. 尼文、本·拉莫尔特著㊀)
- 观看:克里斯蒂娜·沃特克的刽子手的传说㊁

工作坊目标: 我们将通过(插入你的姓名)主持的工作坊学习 OKR,他是 OKR 领域的专家,帮助过很多与我们类似的组织成功实践 OKR。

准备工作: 为了高效达成工作坊的目标,请提交一两个你认为公司在本年度应该重点关注的目标,并简述为什么现在要专注于这个目标。你无须提交关键结果,但如果你想尝试,也非常欢迎。

㊀ 在 OKRs.com 可免费下载《OKR:源自英特尔和谷歌的目标管理利器》第 1 章的 PDF 版本。
㊁ 你可以选择任何版本。我们推荐克里斯蒂娜 21 分钟的版本,因为该版本简短且引人入胜:https://vimeo.com/86392023。

准备工作的目标：

- 应该从 CEO 的角度出发（而不是你个人或团队的目标）
- 应该是定性的，最好以动词开始
- 不需要鼓舞人心。但是，通过"为什么是现在？"的解释应该可以教育和激励团队

以下目标示例附有分析，解释了为什么它们现在很重要[①]。

目标： 拿下比利时！

为什么现在？ 竞争对手 X 刚刚获得了比利时的三个重要客户。虽然我们在荷兰依然是领导者，但我们面临着在比利时失去影响力的风险。比利时是我们长期主导的关键地区，也是许多时尚潮人和关键影响者的大本营。这里的成功将决定我们最终的成败。

目标： 成功推出附加产品 ABC。

为什么现在？ 我们的 1000 多个客户已经明确了他们对产品 ABC 的兴趣，其中 20 个关键的测试用户提供了积极反馈。鉴于上述情况我们认为现在是时候推出该产品了。它将进一步扩大我们与竞争对手 X 的差异化水平。

目标： 赢得更多大客户，加速增长。

为什么现在？ 我们公司是在为小企业服务的基础上发展起来的。但今天，事实已经证明，我们有能力为大客户服务，而且可以做得很好。2018 年我们从 A 公司赢得了自己当年最大的客户。2019 年我们又从 B 公司赢得了更大的客户。这两家大客户对我们的满意度评分都在 90% 以上。现在是时候集中精力赢得更多的大客户了，而且赢得这些客户是扩大全体员工奖金池的最佳方式！

工作坊开始时将评估您提交的目标。请在 XX 日前回复本邮件，并发送你的目标。

谢谢！

（插入 OKR 项目经理的姓名）

[①] 以这些目标为例，或者结合你自己的目标。我们建议采用与学员相关的目标。如果客户是软件行业的，就不要用零售连锁店的 OKR。

高层 OKR 工作坊的议程示例

如果能够让高层领导全天参与，那自然是最理想的；但如果条件不具备，至少你也应该规划 4 个小时的高层 OKR 工作坊。其中，1 个小时讲解理论，3 个小时辅导应用。所以，如果高管们只有半天时间，那也要把理论部分缩减至 1 个小时。因为工作坊的应用部分才是最有价值的，它可以促成有影响力的对话。

以下是为期一天的现场高层 OKR 工作坊的议程示例：

第一部分　介绍/OKR 理论

- 9:30～10:30：自我介绍＋CEO 致辞：为什么 X 公司要运用 OKR
- 10:30～11:15：介绍 OKR（价值、定义、举例、来源等）
- 15 分钟休息
- 11:30～12:00：X 公司 OKR 系统设计
- 12:00～13:00：午餐

第二部分　OKR 开发/应用

- 13:00～14:00：小组练习，为首要的高层目标起草关键结果
- 14:00～15:00：第一轮共创，为一个目标起草关键结果
- 15:00～16:00：小组报告，教练辅导，反馈
- 16:00～17:30：第二轮共创，优化关键结果（与第一轮分组一致）
  - ▶ 45 分钟：小组为共同的目标，优化关键结果
  - ▶ 45 分钟：汇报，各组分享 1～2 个获得改进的关键结果，鼓掌庆祝！
- 17:30～18:00：总结成果——安排下一步＋反馈：关注点、问题点、主要收获

我们的客户按时完成了上述议程的各项工作。然而，情况并非总是如此。以下案例来自最近一次高层 OKR 工作坊，其实际进展偏离了既定的议程。

案例研究：ACME Homes 高层 OKR 工作坊

我用两天时间为"ACME Homes"，一家领先的家居建筑公司，辅导了一次 OKR 工作坊。在工作坊开始之前，我已经就议程以及 12 项系统设计要素与 CEO 和 CFO 达成了共识。

以下是与本案例研究高度相关的 4 个要素：

1. 设定 OKR 的层级：OKR 开始只在公司层设置，团队层 OKR 将在公司层 OKR 运用成功后引入。

2. 关键结果的评分方法：采用预评分方法将关键结果描述为挑战值，同时界定其承诺值和冲刺值。

3. OKR 的周期：公司层目标周期为全年，其关键结果周期为季度或全年。团队 OKR 周期为季度，将年度作为备选。

4. OKR 的数量：ACME Homes 将设置 3～4 个公司层的目标。CEO 和 CFO 阐述了公司层所应聚焦的 4 类目标：①员工，②客户，③成长，④财务。每个目标最多设定 4 个关键结果。

以下是 ACME Homes 为期两天的高层 OKR 工作坊的既定议程：

第一天（全天）
CEO 致辞：战略背景；CFO 呈现相关数据（1 小时）
- 自我介绍及 OKR 的理论（1 小时）
- 分组练习：为第一个目标（员工）制定关键结果，午餐（3 小时）
- 共创：各组制定并分享第二个目标（客户）的关键结果（2 小时）

第二天（半天）
- 分组练习：完善前两个 OKR（1 小时）
- 共创：草拟第三个目标（成长）的关键结果（1 小时）
- 分组练习：最终确定 OKR（2 小时）

ACME homes 的高层 OKR 工作坊并没有遵循既定的议程。以下是第一天发生的事情。

第 1 个小时，CEO 致辞。 以 CEO 和 CFO 对战略、市场趋势和最新财务状况的精彩发言开场。讲话持续了一个小时，反响很好，为 OKR 奠定了很好的基础。

第 2 个小时，自我介绍和 OKR 理论。 15 位高管做了简单的自我介绍，然后我们用了大约一小时介绍 OKR 的基本理论。开头的两个小时完全符合计划的议程。

◆ **教练辅导要领**

√ 留出时间，请每位学员进行简短的介绍，你会学到很多。运用你得到的信息优化工作坊，以匹配客户的现状。这家客户很不一般，他们没有筒仓效应。大家很快就理解并接受了先在公司层制定 OKR，然后再探索团队层 OKR 的构想。

OKR 工作坊第一天

3 小时以上，分组练习：为第一个目标（员工）制定关键结果。

在 CEO 介绍了目标以及为什么现在如此重要之后，我开始组织大家分组学习。⊖学员们用 5 分钟时间默默地起草关键结果，5 分钟的时间以 2～3 人为一组进行讨论，另外 5 分钟将他们最满意的 2～3 个关键结果拿来与整个团队分享。然后，各小组展示他们的关键结果供大家讨论。这

⊖ 20 世纪 90 年代末，我在斯坦福大学教学中心见证了分组学习方法的有效性，作为研究生课程的一部分，这种方法促进了工作坊的发展。这里有一个极具价值的建议来保持参与度和高能量：当房间里的能量达到顶峰时结束各小组的讨论。换句话说，不要看时间，而要看能量水平：通常是 3～6 分钟，但取决于小组的状态。

个练习总是能激发出能量,因为参与者可以把 OKR 的理论应用到实践之中。以下是当时呈现的部分关键结果草案。

第一套关键结果的草案

1. 将超额完成目标的销售经理的比例从 X 增加到 Y。

2. 第四季度增加 X 名新的销售经理,并自 2019 年 1 月 1 日或更早开始工作。

3. 获取反映"销售经理敬业度"的基准指标。

4. 提高销售经理的留任率(不包括因业绩不佳而流失的销售经理),并记录销售经理离职的原因。

行动计划⊖

1. 招聘销售副总裁。

2. 培训销售团队。

3. 定义"一流选手"。

在我们讨论几个小组的关键结果和行动计划时,房间里的能量继续呈指数级增长。虽然我们计划在深入完善之前让每个团队阐明他们关键结果的备选项,但此时的讨论似乎太重要了,不应该打断。

CEO 发现,就算销售经理如大家所希望的那样达成他们的目标,也不见得可以成为"一流选手"。顾问委员会的一个成员马上问道:"现在我们销售团队中有谁是一流的?"CEO 答道:"艾米绝对不能算是一流的,仅仅一个月超额完成业绩目标,并不意味着就是一流选手。一流选手表现稳定,能获得客户积极的肯定,还能够与公司内部的各个团队有效合作。"我突然意识到,该是调整既定议程的时候了。

CEO 与董事会成员的讨论引发了大家的共鸣。这次讨论引出了一个重

⊖ 这是每个 OKR 下面的可选项,用于集体讨论能够影响 OKR 的关键行动。

要的观点：我们还没有"一流选手"的定义，而这个定义对接下来的成功是至关重要的。会议室里的状态让人感到，现在大多数销售经理还不是一流选手。不过，如果连领导层都不知道如何定义一流选手，又怎能期望人们像一流选手那样工作呢？

明确"一流选手"的定义，是客户通过OKR的批判性思维框架提出的第一个重要见解。在第一天只剩下一个小时的时候，我们不得不决定是转向下一个目标还是继续专注于眼下的目标。CEO很果断，他强调了在转向其他目标之前，先做好第一个目标的重要性。因此，我们继续专注于这个议题。

我们计划在第一天涵盖两个目标，但是我们却连第一个目标关键结果的草拟过程都没有完成！第一天我们没有按计划结束，以致我们第二天就开始起草第三个目标的关键结果。第一天结束时，我感到滞后了，担心我们没有取得足够的进展。所以我问CEO感觉如何。CEO看着我的眼睛："本，我参加过20多次类似的会议，这是我们公司历史上最好的一次。我们讨论的正是自己所需要的。我们开始清楚问题所在，那就是我们缺乏'一流选手'的定义。"⊖多亏了这位CEO，那天晚上我睡得很好。

OKR工作坊第二天

我们继续通过头脑风暴界定"一流选手"的特征。

然后我们将这些特征按照重要程度进行排序，以清单的形式得出了以下定义。

ACME Homes 销售经理的"一流选手"的定义：

1. 连续6个月平均达到总体销售目标。

⊖ 开始有价值的对话是工作坊进展顺利的标志。毕竟，OKR是一个批判性思维框架，可以帮助团队在需要解决的问题上保持一致。我最初的OKR导师杰夫·沃克经常告诫我，"只要你厘清了问题，就很容易解决。"问题在于，我们花了太多时间试图解决问题，却没有花时间去澄清问题。

2. 根据过去 3 个月的客户调查，推荐意愿为 90% 以上，而我们的历史平均水平为 87%。

3. 通过内部系统的专业培训。

4. 在内部 360 度评估中得到积极的评价，反映其与内部员工互动时态度良好。

5. 主动性和销售纪律，通过每月创建 3 个或 3 个以上的销售线索并将它们添加到 Salesforce.com 来衡量。

我们的目标由"员工：培养并保留专注于销售的世界级员工"变得更为聚焦"2019 年来临之际，将 ACME Homes 定位为销售机器"。下面是完善后的 OKR。

四季度目标： 在新的一年来临之际，将公司定位为销售机器。

为什么现在？ 为了满足日益增长的住房需求，我们计划在未来 6 个月雇用创纪录数量的销售经理。虽然我们有一套行之有效的方法确定销售目标，但无法扩展。当销售经理完成交易并让组织的其他人来收拾残局时，我们就无法有效地进行扩展。要成为销售机器，我们要做的绝不仅仅是扩大团队和达成目标，我们必须就销售经理成为"一流选手"的意义达成共识，并构建一个体系，让所有的销售经理都能成为"一流选手"。

四季度关键结果：

1. 将超额达成目标的销售经理比例从第三季度的 70% 提高到 90%。

2. 第四季度新增销售经理 20 名，并在 1 月 1 日前开始工作。

3. 根据我们对销售经理业绩水平的新定义，将 5 名测试销售经理分为一类、二类、三类选手（期望：根据我们在第四季度的定义的标准，所有入职 4 个月以上的销售经理到明年一季度末都可以分类）。

ACME Homes 案例研究结论

这次高层 OKR 工作坊说明了 OKR 教练保持灵活的重要性。虽然在工作坊之前拟定议程和目标非常重要，可以为制定关键结果奠定基础，但更重要的是运用 OKR 将团队的时间集中在有影响力的对话上。尽管转向下一个目标对你充满诱惑，但在此之前务必要先和客户确认一下。记住，对 OKR 来说，少即是多。一个完全成熟的 OKR，好过多个半生不熟的。

◆ **高层 OKR 工作坊教练辅导要领**
   √ 灵活一点！如果客户正在进行重要的对话，就请把议程放在一边，让他们继续。在 ACME Homes 的案例中，CEO 负责让每个人思考成为"一流选手"意味着什么。
   √ 关键结果出现时，重新审视目标。在 ACME Homes 案例中，关键结果的起草过程使目标从"员工"这一宽泛概念细化为成为"销售机器"这一更聚焦的目标。
   √ 少即是多：一个完全成熟的 OKR，好过多个半生不熟的。

应用 2：OKR 内部教练培训

OKR 内部教练培训是为了帮助客户培养内部专业力量，以便在外部教练离开后持续推动 OKR 项目。对于在团队层设置 OKR 的组织来说，极具价值。

OKR 内部教练培训的演变及其目的

让我们来看看 OKR 的内部教练培训是如何产生的，它又是如何与

OKR 内部教练的角色联系在一起的。2014 年，我为 Zalando 提供了一次全天的 OKR 内部教练培训。[一] Zalando 的 OKR 项目经理请我培训 20 名中层管理人员，以帮助他们成为内部教练，在各自的业务领域推动 OKR 项目。

这次培训是我 OKR 教练生涯重要的里程碑，我开拓了一个完全未知的领域。据我所知，当时还没有人提供过一整天的 OKR 内部教练培训。不过，既然 Zalando 的项目经理提出了要求，我们不妨勇敢尝试一下。第一次 OKR 内部教练培训中涌现出的能量和洞见，远远超出了我们的预期。所以，Zalando 又邀请我继续举办了几场这样的培训。

Zalando 是第一个正式培训 OKR 内部教练的组织，我们由此开拓了新的领域，也定义了一个新的角色，"OKR 内部教练"。要成为 Zalando 的内部教练，需要三个步骤：①完成 OKR 内部教练的培训，②至少辅导过一次 OKR 共创会，③参加 OKR 项目复盘，并与其他 OKR 内部教练分享经验。完成 OKR 内部教练培训的大部分人都成为了 OKR 内部教练。

有了在 Zalando 举办 OKR 内部教练培训的成功经验，我们开始向其他组织提供这种培训。[二] 这项培训要求学员能够在 OKR 外部教练离开后长期推动其组织的 OKR 项目。与所有的 OKR 培训一样，OKR 内部教练培训成功的关键在于，将其中大部分时间用来辅导应用。要牢记信条：学习 OKR 最好的方法，就是实践。对于 OKR 内部教练培训来说，分组学习的效果是最好的。

OKR 内部教练培训的基本特点是将参与者分成 3~4 人的小组。每个小组有 3 个角色：①教练，②学员，③观察员。教练通过提问引导学员起

[一] Zalando 是一家总部位于柏林的电子商务公司。更多关于 Zalando 和他们的 OKR 项目的信息，请参考《OKR：源于英特尔和谷歌的目标管理利器》第 7 章中的案例研究。Zalando 告诉我，他们一直在持续应用 OKR，而且非常成功。

[二] 我们的一些客户将"OKR 内部教练培训"称为"OKR 大使培训"或"OKR 专家培训"，都没问题，适合自己就好。

草他们的 OKR，观察员专注于倾听并做记录。观察员会写下那些能带来突破的问题，以及他们认为教练应该提出的问题。OKR 内部教练培训的重点在于获得成为 OKR 教练的技能，而不在于制定实际的 OKR。我们建议多做几轮，让每个人都有机会扮演教练或学员的角色。

培训时间一般在 6～8 小时之间。⊖我们建议用 1 个小时的时间来开展第一轮辅导。如果时间紧迫，可以压缩第二轮的时间。如下面的议程示例所示，它花了 6.5 个小时。

现场 OKR 内部教练培训议程示例

- 9:00～9:30　　　　欢迎/介绍
- 9:30～10:00　　　 OKR 理论
- 10:00～10:45　　　小组练习：起草高层 OKR 的关键结果
- 10:45～11:00　　　休息
- 11:00～11:30　　　7 步创建团队层 OKR
- 11:30～12:30　　　第一轮：A 辅导 B，C 做观察
- 12:30～13:30　　　午餐
- 13:30～14:00　　　分享
- 14:00～14:30　　　第二轮：B 辅导 C，A 观察
- 14:30～15:00　　　分享
- 15:00～15:30　　　总结：反馈，关键要领，下一步
- 15:30　　　　　　 结束

OKR 内部教练培训的成员

根据我们的经验，OKR 内部教练培训在 12～18 人之间效果最好。⊜

⊖ 相同内容的远程培训需要分几次课程辅导，每次最多 3 小时。
⊜ 对远程培训而言，6～12 人效果最佳。

我们发现低于 12 个人，现场的能量就会下降，而超过 18 个人凝聚力就会不足。如果超过 18 个人，可以考虑将小组从 3 个人扩大到 4 个人。我们建议将规模控制在 24 个人以内，这样可以分成 6 组，每组 4 人。在四人小组中，增加的小组成员可以扮演观察员的角色。也就是四人一组，一名教练，一名学员，两名观察员。尽管培训的规模很重要，但更重要的是让不同的人参与培训。

OKR 内部教练培训中各小组的成员最好来自不同的领域。当教练和学员来自不同的团队时，培训效果最好。例如，财务人员可以辅导工程团队的成员。这就要求工程师使用通俗易懂的语言，而不是专业术语。不同领域的教练往往会提出一些需要明确的问题，从而帮助学员用专业领域之外的人能够理解的语言表达。OKR 教练网的成员可以参与 OKR 内部教练的模拟培训。

◆ **OKR 内部教练培训教练辅导要领**
  √ 通过 OKR 内部教练培训为客户培养 OKR 内部教练，正如我们在 Zalando 看到的那样。
  √ 每个小组应包括来自不同团队的 3～4 名参与者。
  √ 每个小组有 3 个角色：①教练，②学员，③观察员。

应用 3：团队 OKR 工作坊

团队 OKR 工作坊的目标是起草团队层的 OKR，并尽可能完善。这种工作坊有两个关键的先决条件。首先，正如第 3 章提到的第一项设计要素，你必须与客户就"团队"的界定达成共识。这将决定各小组由哪些人组成；其次，事先必须要有高层的 OKR 作为背景。团队成员经常抱怨，如果没有高层的 OKR，他们就无从下手。

虽然高层的 OKR 并不需要在这次工作坊之前完全确定，但是我们建议获得高层发起人的批准，将高层 OKR 的草案作为团队 OKR 工作坊的背景。在工作坊开始时，最好先请高管对高层 OKR 做一番说明。如果客户没有在高层导入 OKR，那么不妨请高层发起人在工作坊开始时对组织的战略进行简单的描述，以确保团队在起草 OKR 之前把握相关背景。

团队 OKR 工作坊的演变及其目的

早期的客户要求我们分别为每个团队举办工作坊，每次工作坊都涵盖团队的全体成员。工作坊的安排一般是这样的：两个小时客户成功团队的工作坊，两个小时财务团队的工作坊，两个小时销售团队的工作坊，等等。这种安排无形之中增加了筒仓效应。具有讽刺意味的是，客户往往希望通过 OKR 来减少筒仓效应，却要求我们按照他们的方法将团队的工作坊分开进行。这就难怪他们有"筒仓效应"了！

虽然把来自多个团队的成员纳入一个工作坊往往更具挑战性，但我们建议不断地接受这种挑战。我们客户反馈说，他们的团队 OKR 工作坊效果显著，因为他们一开始就让不同团队的成员参与了进来。例如，工作坊可能包括三个紧密合作的团队，从而确保他们从整体的视角出发起草自己团队的 OKR，而不是在部门墙内。以下是此类工作坊的目标示例：

- 三个团队起草使命，目标 / 为什么，以及至少两个关键结果。

- 三个团队运用预评分的方法完善一个关键结果的承诺值、冲刺值和挑战值。
- 所有参与者都要记录教练辅导的关键要领,以便在实际工作中运用。
- 所有参与者都要记录短期的关键结果是如何与高层战略联系起来,又是如何与相互依赖的团队横向对齐的。

团队 OKR 工作坊的参与者

我们建议每次团队工作坊都能涵盖 3～5 个团队。当我们向客户询问他们运用 OKR 最大的收益时,很多人的反馈都是"促进了团队协同"。而当我们问是什么反映了协同的提升时,他们经常夸赞多个团队在一起起草 OKR 的做法。

团队 OKR 工作坊议程示例

我们使用"集结"的方法来开展多团队参与的团队 OKR 工作坊。⊖ 这是我们曾为客户提供的议程示例。

- 8:00～9:00　　　　自我介绍、CEO 简述我们的 OKR 之旅
- 9:00～10:00　　　OKR 理论 / 回顾高层 OKR
- 10:00～11:00　　 团队起草 OKR
- 11:00～12:00　　 汇报与创见分享
- 12:00～13:00　　 午餐
- 13:00～14:00　　 参与者与其他团队互动,根据相互的依赖关系重新起草 OKR
- 14:00～15:00　　 汇报

⊖ 关于"集结"每个步骤的详细说明,请参见《OKR:源自英特尔和谷歌的目标管理利器》。

一旦你全部掌握了前面介绍的三种工作坊，你自然就可以将其中的元素自由组合、灵活运用。

◆ **团队 OKR 工作坊教练辅导要领**
　√ 安排团队 OKR 工作坊之前，先界定"团队"。
　√ 多团队参与，以促进协同。
　√ 从回顾高层 OKR 开始，以便提供背景。

OKR 定制工作坊

我们最近有一个客户想在两天内完成所有三种类型的工作坊。因此我们做了这样的尝试：第一天上午是高层 OKR 工作坊，下午将每三个高管分为一组进行内部教练培训。这种方法既产出了高层的 OKR，也让每一位高管成为 OKR 内部教练。每个参与者都觉得非常成功。

第二天 OKR 内部教练培训拉开了帷幕。不过，我们只是把它定位为团队 OKR 工作坊。换句话说，我们创建了由来自不同团队的成员组成的三人小组，而不是事先按照团队分组。这样，OKR 内部教练培训中起草的团队 OKR 就成了各团队 OKR 的第一稿草案。我们在两天内成功完成了三场工作坊！

我们建议你将三种 OKR 工作坊的元素综合运用，为客户设计理想的培训计划。例如，我们刚才看到了如何通过 OKR 内部教练培训来起草团队层的 OKR。截至 2020 年年中，大多数 OKR 的培训都是远程的，而且运用了分会场的功能。最近，我们为一个有大约 50 名学员的团队设计了一系列两小时之内的远程培训。我们从一个小时的理论开始，到 12 个四人小组的 OKR 内部教练培训结束，顺利完成了这项工作。

☞ **第 4 章　练习：设计一个 OKR 工作坊，包括：**

详细的议程、培训目标和对象；

工作坊前发送的电子邮件，通知培训内容及预习材料：

- 工作坊课件（10～30 页），包括客户的设计要素；
- 发给学员的工作坊讲义（不超过 4 页）；

注：OKR 教练网的成员可以获取幻灯片和讲义的范本。

The OKRs Field Book

第 5 章

教练辅导第三阶段：
全周期辅导

> 通过本章的学习，你将可以：
> - 指导客户完成 OKR 周期的三个步骤。
> - 避免每个步骤中常见的陷阱。
> - 设计 OKR 跟踪看板，以便客户在每个步骤中运用。
> - 编写 OKR 教练辅导邮件。

OKR 工作坊激发了人们的热情。来自数千名学员的反馈证实，在起草 OKR 时反思如何将日常工作与更大的愿景联系起来，是有必要的。不过，OKR 教练真正的价值才刚刚开始。接下来，你必须通过对客户全周期的辅导，进一步将理论转化为实践。

本章详细介绍了辅导客户完成 OKR 周期三个步骤的方法。每一步都从避免常见陷阱的解决方案开始。这些解决方案均来自我们的培训材料，且全部经过实践验证。在每个步骤中都包括常见问题、OKR 跟踪看板示例，以及真实的 OKR 辅导摘录。

步骤一：OKR 的制定和对齐

陷阱：

- OKR 太多。
- 把关键结果写成了任务清单，衡量的是产出而不是成果。
- 在筒仓中创建 OKR，无法识别依赖关系。

解决方案：

- 每个团队专注于 1～3 个目标，每个目标都有可以衡量成果的关键结果。
- 区分关键结果、健康度量项和任务。
- 提前检查对齐的状况，在发布前与高管一起审查 OKR。

许多寻求 OKR 辅导的组织已经尝试着自己推行了，不过它们担心自己的 OKR 没有遵循最佳的实践方法，所以希望通过专业 OKR 教练的辅导加以改善。我们最近接触了这样一个团队，他们拥有 11 个目标！显然，他们试图用 OKR 管理所有的工作。他们的关键结果看起来像一个庞大的待办事项清单，而其中反映的只是产出而非成果。

大多数寻求帮助的组织都希望能够增加跨职能的协作，并减少筒仓效应。讽刺的是，这些组织基于组织结构图界定 OKR 的团队，并要求每个团队独自制定 OKR。有些团队只是根据他们平时监控的各项指标制定自己的 OKR，丝毫没有意识到 OKR 应该聚焦于改进的重点，而非一味地维持现状。

如果你遇到了这样的客户，让他们知道你可以为其提供帮助。提供证明，提醒你的潜在客户，正确的 OKR 通常需要多次迭代。向他们提供本书所给出的解决方案，他们也许就会成为你的客户。为了帮助客户避开陷阱，有效地制定 OKR，我们开发了团队 OKR 制定七步法（见图 5-1）。

> **团队OKR制定七步法**
>
> 1. 达成使命共识
> 2. 评估对齐状况
> 3. 制定目标（为什么现在？）
> 4. 起草关键结果
> 5. 将任务转化为关键结果
> 6. 挑战关键结果
> 7. 完善关键结果，确定团队层OKR

图 5-1　团队 OKR 制定七步法

前两个步骤，达成使命共识和评估对齐状况，在技术上并不属于 OKR 制定的部分。然而，这两个步骤可以为团队创建 OKR 提供背景。只要完成这七个步骤，你将会得到类似于下面示例的 OKR（它来自我们的一个客户）。

> **营销团队的使命：** 为销售团队提供工具，帮助他们赢得竞争。
>
> **对齐评估：** 我们依赖于销售部门、产品部门和客户成功团队；销售和财务依赖于我们。
>
> **目标：** 以合理成本，提高线索质量。
>
> **为什么现在？** 我们没有测算重大营销活动的投资回报率（ROI），新就任的 CEO 希望马上提升知名度，以便能在明年制订基于 ROI 的营销计划。随着我们规模的扩大，每条销售线索 105 美元的成本是完全行不通的，而且它还是我们财务计划的重要影响因素之一。销售团队反映我们提供的线索质量很差。

关键结果：

1. 通过报告去年总费用 5 万美元以上的 5 场会议的收益/成本，获取营销 ROI 的基线。

2. 将每条线索的总成本从第四季度的 105 美元降至第一季度的 75 美元。

3. 将线索的质量提高一倍，通过在 6 周内将线索转化为机会的百分比衡量，即从 20% 增加到 40%。

在这一节中，我们将一步步分解上述示例的创建过程。虽然这七个步骤是按照默认的时间顺序列出的，但它们是可以反复的。例如，我们的客户经常会在完成第四步至第六步（或第七步）的关键结果后返回到第三步来重新审视他们的目标，如图 5-2 所示。我们对每个步骤的分析都包括教练应当提出的问题以及辅导成功的提示。

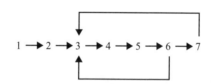

图 5-2 制定目标的常见迭代：返回第三步

达成使命共识

许多组织实施 OKR 会选择较短的周期，从而有更多的机会调整航向、加强沟通、强化学习。不过，周期过短也是 OKR 一个潜在的陷阱。OKR 会不会太短视了？如果只有三个月，OKR 怎么能有战略意义呢？⊖我们如

⊖ 如第 3 章中所示的 Adobe 产品团队那样，一些团队采用双重节奏，以更好地平衡短期 OKR 与长期战略。

何确保每个团队的 OKR 都与组织长期的使命相关？

这里有一个简单的等式来连接 OKR 和使命：M + OKRs = MOKRs，其中"M"代表"使命"。本质上，使命回答的问题是："我们组织存在的目的是什么？"根据我们的经验，大多数组织都有公司层的使命。如果你的客户还没有公司层的使命，不妨先让 OKR 项目暂停一下，立即着手与客户的高管团队一起创建使命。公司层面的使命是建立 OKR 的基础。㊀ 大多数组织虽然已经有了公司层的使命，但是少有组织会定义团队的使命。

我们建议让每个团队从他们的使命开始。团队的使命为起草 OKR 提供了背景，并帮助团队将他们的工作与公司更远大的使命相关联。让我们来看看案例中营销团队的使命，"为销售团队提供工具，帮助他们赢得竞争"，它为创建 OKR 提供了背景。

营销工作在第一季度仅仅聚焦于这一个目标，而团队则可能会选择专注于其他目标，比如"更新市场宣传材料，满足新产品 X 的需要""提高销售团队的能力，扩大产品 ABC 的市场基础"或"提升我们在移动市场的定位，以应对新加入的竞争者"。

我们建议团队每年用一个小时左右的时间刷新他们的使命。我们的客户一直觉得，花时间创建团队的使命非常有价值。事实上，有些团队创建使命的活动已经成了他们一年一度的仪式。图 5-3 总结了我们为客户提供的使命练习。

下面是样本营销团队第一步产出的成果。

营销团队使命：为销售团队提供工具，帮助他们赢得竞争。

㊀ 战略方面的内容超出了本书的范围。你必须事先确认客户已经有了为 OKR 创建背景的战略框架。OKR 教练网的成员可以获得开发战略框架的方法。

> **使命练习概述**
>
> 目的：定义团队的使命。
> 与会者：团队全体成员，12 人以内的小团队最为理想。
> 时间：1 小时。
> 团队使命应该通过一句精练的描述回答：
> 我们为什么存在？
> 我们为谁服务？
> 我们能提供什么？
> 我们创造的长期影响是什么？
> 分步指导
> 1. 每个人花几分钟时间写下他们对团队使命的感受。
> 2. 两人一组比较使命的描述。
> 3. 各小组展示他们最满意的描述。
> 4. 教练（或辅导员）发掘能够激发共鸣的关键词。
> 5. 团队一起完善使命描述，直到每个人都满意为止。

图 5-3　使命练习示例

三个问题

1. 如何用一句话描述团队存在的目的？

2. 我们为谁服务？谁是我们的客户？

3. 如果你在电梯里碰到一位新员工，你怎么用一句话讲清楚团队是做什么的？

提示：

- 确认客户已经具备公司层面的使命，以便为 OKR 提供背景。
- 鼓励团队创建自己的使命，并每年检视。
- 为客户提供如图 5-3 所示的简单的使命练习。

评估对齐状况

出色的成果必然依赖团队的协作。一些组织通过组建跨职能小组努力减少对外部的依赖，同时，它们也将跨职能协同的方法引入了团队内部。然而，大多数刚开始运用 OKR 的组织仍然会单纯基于组织结构图定义团

队层 OKR，以汇报关系界定运用 OKR 的团队。㊀

无论如何界定，在任何一个 OKR 周期开始时，都应该花时间就近期团队之间的依赖关系达成共识。有时我们会试图跳过这一步，直接开始起草团队的 OKR。然而，我们的客户发现，在把注意力投入 OKR 之前，花 5～10 分钟来确定团队之间的依赖关系极具价值。尽管对大多数团队来说用几分钟时间就足够了，但也有些团队为这个步骤准备了更长的时间。

最近在波兰举行的一次工作坊中，五个团队用了两小时检查他们的依赖关系。他们创建了一个"依赖矩阵"，总结了在即将到来的 OKR 周期中每个团队将如何相互依赖。客户报告说，这是两天工作坊里最有价值的成果之一。

以下是样本营销团队第二步的成果。

我们依赖于：

1. 产品团队开发新功能和新产品。

2. 销售团队获取潜在客户的反馈，让我们了解成败的原因。

3. 客户成功团队打造样板客户，用于我们的营销宣传。

以下团队依赖于我们：

1. 销售团队需要我们提供有益于渠道的优质线索。

2. 财务团队需要我们降低线索成本，并报告 ROI。

三个问题

1. 你的目标依赖哪些团队？

2. 你与哪些团队合作最紧密？

3. 哪些团队依赖于你，如何依赖？

㊀ 更多跨职能小组的内容，请参见第 3 章第一项设计要素。

提示：

- 如果某个团队对另一个团队有很大的依赖性，可以考虑为即将到来的周期创建一个依赖性的关键结果，甚至一个共享的OKR。⊖
- 虽然我们建议为这个步骤准备5～10分钟的时间，但不妨灵活一点。如果客户投入度很高，并要求有额外的时间评估对齐，应当给客户留出更多时间。

制定目标（为什么现在？）

评估对齐后，客户即将集中精力起草目标。我们建议在制定团队OKR之前，先回顾一下高层的OKR。注意，制定团队层的目标需要批判性思维，而不是简单地复制和粘贴。记住，要避免我们在第3章指出的那种直接承接的方法，简单地将高层的关键结果复制为团队的目标。

尽管目标制定是一个创造的过程，更像是艺术而非科学，但客户仍然可以通过辅导取得最佳成果。我们建议用以下简单的辅导方法帮助客户制定目标：①用一句话描述，②以动词开头，③确定一个需要重点改进而不是维持的领域。我们也建议提供1～2个与客户相关的目标范例。⊜以下是三个目标范例以及其"为什么现在"的详细说明。

目标： 以工程师为重点，改进我们的入职流程。

为什么现在？ 我们现在每个月有五十多名工程师入职。虽然我们的入职流程运行顺畅，但那是在几年前增长比较缓慢的时候，根据近两个季度的反馈，我们必须使流程更高效、更规范。虽然部分工程师反映还

⊖ 关于依赖性关键结果与共享OKR的分析，参见《OKR：源于英特尔和谷歌的目标管理利器》。

⊜ 更多目标示例，参见第4章中高层OKR工作坊前期准备工作的邮件示例。

不错，但仍有近 40% 的人认为没有达到他们的预期。考虑到年底之前，我们的入职人数将以每月 100 人的速度突飞猛进，所以现在必须优化我们的入职流程。

目标： 创建敏捷的网络安全文化。

为什么现在？ 尼基塔（Nikita）和拉杰什（Rajesh）离开之后，我们的小团队已不足 10 人。目前，团队里只有丹尼（Denny）拥有一系列关键领域的认证。因此，必须开展培训，确保我们至少有两名成员（不只是丹尼）能够解决 15 个关键领域的安全问题。

目标： 识别盈利来源。

为什么现在？ 虽然每个月结账都可以输出准确的财务报告，但我们对各渠道的收入并没有足够的了解，因为去年就有超过 40% 的收入被归类为"其他"。我们的 CEO 开玩笑说，如果我们可以把"其他"增加 10%，我们就会达成自己的财务目标。所以，只有明确收入来源，领导层才能制订一个更为实际的计划，让我们能够在新的一年里增加收入。

在给出目标及其重要性分析的范例之后，给团队 15～30 分钟的时间起草一个目标，同时用 3～5 句话解释为什么这个目标现在很重要。值得一提的是，对"为什么现在"的分析是培养和激励团队的好机会。一定要阐明团队的目标是如何联结到更高层次目标的（纵向对齐），又是如何与其他团队目标关联的（横向对齐）。请注意，样本营销团队的目标既实现了纵向对齐，也做到了横向对齐。"合理成本"的目标纵向与公司的盈利目标关联，而"增加线索质量"的目标与销售团队实现了横向对齐。以下是样本营销团队目标起草的成果。

> **目标：** 以合理成本，提高线索质量。
>
> **为什么现在？** 我们没有测算重大营销活动的投资回报率（ROI），新就任的 CEO 希望马上提升知名度，以便在明年制订基于 ROI 的营销计划。随着我们规模的扩大，每条销售线索 105 美元的成本是完全行不通的，而且它还是我们财务计划的重要影响因素之一。销售团队反映我们提供的线索质量很差。

三个问题

1. 目标的基本问题：要取得可衡量的进展，最重要的领域是什么？
2. 为什么这个目标现在如此重要？
3. 如果团队只能专注于一个目标，那会是什么？

提示：

- 感觉到纠结时，返回第一步重新审视团队的使命。
- 不要将高层的关键结果直接复制为团队的目标。
- 用几句话解释"为什么目标现在如此重要"。

通过回答"为什么现在"教育和激发团队，并澄清目标是如何对齐的（纵向与高层级对齐，横向与其他团队对齐）。

起草关键结果

目标往往很容易起草。[一] 通过头脑风暴也很容易找到关键结果，但要将关键结果进行精确的、可衡量的描述就颇为困难了。要想掌握关键结果

[一] 作者所说的容易是指根据经验或惯性思维首次起草目标时很容易，而当我们分析目标为什么重要，以及尝试通过潜在的关键结果完善目标时，往往就不那么简单了。——译者注

从起草到最终确定之间每个步骤的技巧，最好的方法就是回顾教练谈话的摘录，反思自己的辅导过程。具体来说，我们建议你运用第 1 章末尾详细介绍的左手栏练习，不断反思自己 OKR 的辅导实践。

样本营销团队第四步关键结果的草案反映了他们的成果，包括：①将线索成本从 X 减少到 Y，②删除带有个人电子邮件地址的线索，③评估营销活动的成本并开始跟踪其价值。下列问题和提示可以使这一步骤更为有效。

三个问题

1. 关键结果的基本问题：本周期结束时，我们怎么知道目标已经达成了？

2. 草拟的关键结果是否反映了目标？（如果没有，请考虑修改目标或将关键结果与其他目标匹配。）

3. 现在有什么指标表明需要在该领域进行改进？

提示：

- 在客户首次起草关键结果的时候，给他们时间安安静静地独立思考，让他们尽可能写下更多的想法。然后，让他们相互讨论几分钟，再向整个团队分享其中一个关键结果。

- 确定基线！不要把关键结果写成"将指标 A 增加至 Y"，而应当在关键结果中体现基线，将其描述为"将指标 A 从 X 增加至 Y"。如果当前值未知，而它又是一个需要衡量的重要指标，请鼓励客户创建基线型 KR。

- 在起草时，重点关注关键结果的本质。不必在这个阶段纠结于 X 和 Y 的确切数值。你可以暂时估算一个近似值，这样一来，草拟的关键结果就成了"将指标 A 从 X 左右增加到 Y 左右"。

我们一些客户还有同事甚至不允许把类似"将指标 A 增加至 Y"的关键结果输入 OKR 跟踪看板中。他们要求体现基线，从而避免歧义。⊖

将任务转化为关键结果

人们第一次描述关键结果的时候，往往会生成一份任务清单。这很自然，它反映的是我们大脑的工作方式。列任务清单完全可行，但要记住，任务并不是关键结果。团队必须将这些任务转换为关键结果，或者索性把任务从关键结果的草稿中全部删除。

让我们先来看看营销团队关键结果草案中的任务是如何转化为实际成果的。关键结果的草案是："删除带有个人电子邮件地址的线索"，这只是一项任务。客户报告说，只需要一个人，就可以在一周内删除带有"@yahoo.com"或"@gmail.com"等个人电子邮件地址的线索。任何个人可以在一周内完成的事情，显然只是一项任务，不会是反映可衡量改进的结果。经过辅导，该任务被转化为一个能够反映预期的结果，即"在六周内，将转化率从 X 提高至 Y，衡量依据是线索转化为机会"。以下问题和提示有助于将任务转化为关键结果。

三个问题

1. 将任务转化为关键结果的基本问题：这项任务的预期成果是什么？

⊖ 20 世纪 90 年代末，我在 planetrx.com（一家网上药房）工作时，我们的目标是将配药成本降低到 13 美元。CFO 问，这怎么可能，因为现在已经是 12 美元了。事实上，12 美元并不包括 3.5 美元的运费，目前的总成本其实是 15.5 美元。如果 planetrx.com 使用 OKR，它会把关键结果写成"将配药成本（包括运费）从 15.5 美元降至 13 美元"，而不是"将配药成本降至 13 美元"。我们在 Twitter 的几个同事也报告说，他们不再允许团队在没有基线的情况下发布度量型 KR。所有的关键结果都必须写为"从 X 到 Y"。

2. 如果我们完成了任务，是不是意味着我们达成了目标？
3. 想象一下，完成任务后最理想的成果会是什么？

提示：

- 提醒客户，每一个关键结果都应该有相应的行动计划，但是行动不能作为关键结果。
- 为了确保客户有被倾听的感觉，可以考虑在 OKR 草案下面创建一份任务清单。比如，我们有些客户把他们的关键任务列表称为"搞定"（Just Do Its）。
- 向客户明确解释，任务清单中可以包括那些会消耗团队大量资源的行动。这些行动可能会推动关键结果，可能是为了维持健康度量项，也可能反映的是较高优先级的例行工作（比如"完成审核"或"更新安全软件"）。

挑战关键结果

关键结果应该是互补的。也就是说，每一个关键结果都应该用最小的集合，表达衡量目标实现程度的重要指标。如果一个目标有三个高度相关、相辅相成的关键结果，那么其中很可能存在冗余。虽然关键结果有部分重叠是可以接受的，但绝不能允许高度重合的关键结果出现。关键结果应该是互补的，它们应该共同发挥作用，为目标做出各自独特的贡献。

有效运用 OKR 的团队通常会制定两种关键结果，分别反映数量和质量。有的团队只关注数量的增加或具体的行动，而有的团队则希望纳入反映质量的指标。以下是样本营销团队分别反映数量和质量的关键结果。

数量关键结果：将有效线索数量从 500 增加到 1000。

质量关键结果：将转化率从20%提高到40%，通过在6周内将线索转化为机会的增量衡量。

如果团队只关注线索的数量，那么很可能会导致线索质量下降。通过两种关键结果，团队可以同时关注线索的数量和质量。除了平衡数量和质量之外，有效运用OKR的团队还会定义关键结果的前导指标和滞后指标。

前导指标往往更具可控性，通常被称为"投入"。滞后指标往往被归为"产出"，有可能不可控，尤其是在短期内。滞后指标包括底线指标，如收入、利润和人均收入等。前导指标包括新线索、网站流量和登录页面转化率等指标。以下是样本营销团队的前导指标关键结果和滞后指标关键结果。

前导指标关键结果：将登录页面转化率从3%提高到5%。

滞后指标关键结果：将营销对渠道的贡献从150万美元增加到200万美元。

在这种情况下，营销人员可能会觉得自己可以马上通过测试来提升登录页面的转换率。然而，这需要一段时间，可能要几个月才能提高转化率进而对渠道产生积极的影响。因为提高登录页面的转化率会推动渠道的增加，所以登录页面转化率是前导指标（即输入），而渠道是滞后指标（即输出）。[一]

三个问题

1. 如果所有的关键结果都达成了，目标是否就达成了，会不会遗漏了什么？

2. 如何削减这一组关键结果，只保留其中必不可少的一项？

[一] 前导指标和滞后指标的区别并不新奇，更多相关信息，可参阅KPI Library的文章：https://www.kpilibrary.com/topics/lagging-and-leading-indicators。

3. 这组关键结果是否充分体现了数量和质量、前导指标和滞后指标？

提示：

- 如果目标有几个看起来高度相关的关键结果，尝试至少删除其中一个。应用"少即是多"的信条！
- 谋求关键结果的平衡，包括质量和数量、前导指标和滞后指标。
- 随着关键结果的完善，重新审视目标。并非要完全按照这7个步骤的顺序进行，请参考图5-2进行迭代。

完善关键结果，确定团队层 OKR

在正式发布 OKR 之前，我们建议将有效关键结果的特征列为检查表，进一步完善关键结果。以下是关键结果的8个特征：

1. **"关键"，而非"所有"**。关键结果是"常规工作"还是"关键"结果？

2. **具体**。使用特定的描述以改善沟通，避免歧义。

3. **可衡量**。进步是客观的，不会被质疑。

4. **结果，而非任务**。关键结果是结果/成果，而不是任务。

5. **明确**。只使用已经具备高度共识的词汇描述。

6. **鼓舞人心**。设定更高的标准，更有可能获得大的成就。

7. **分值**。用分值来清晰地传达目标，管理预期。

8. **KR 经理**。每个关键结果都要配置一个 KR 经理，及时更新进度并确保不被忽视。

如果关键结果没有满足这些特征，那么它就不太可能是有效的。无效的关键结果通常会导致时间的浪费，或者丧失其对目标的贡献。就第8个特征"KR 经理"而言，我们经常看到没有标注负责人名字的关键结果。

也就是说，该关键结果没有明确 KR 经理的人选。这种情况下，是不能发布关键结果的。每个关键结果在发布之前必须指定一位 KR 经理，以确保有人沟通协调、管理进展。

关于第 7 个特征，设定分值。如果对关键结果的承诺值、冲刺值和挑战值没有达成共识，就意味着对达成的可能性并没有明确的期望，这个关键结果就不能发布。当然，你可以用第 3 章提供的方法轻松地帮助客户满足最后这两个特征，让他们运用标准的评分模型，并确保每个关键结果都有相应的 KR 经理。

一旦你和客户认为所有的 OKR 都已经完善，并满足了上述 8 个特征，就可以发布了。不过，大多数组织都会开展最后一轮检查，以确保所有团队层 OKR 的对齐协同。如果客户遵循了最佳的实践方法，比如从一开始就将彼此依赖的团队集合到一起共创 OKR，那他们的 OKR 就会实现横向对齐。然而，除了团队之间的横向对齐之外，团队层 OKR 的纵向对齐也应该得到审视。

为了确保纵向对齐，我们建议团队负责人在发布之前与高层领导分享团队层 OKR 以获得最终批准。要辅导团队负责人与高层领导进行最终的沟通，以使团队层 OKR 获得领导的批准。他们之间的对话应该简短。我们发现，这样的沟通差不多每次都要 30 分钟。沟通开始时，团队一般会向负责审批的上级分享他们的 OKR，一旦获得批准，他们就会在统一的位置发布。

在我们早期的服务中，我们提供给客户的是空白的 OKR 跟踪看板，我们要求 OKR 项目经理在这里呈现他们的 OKR。然而，首位加入 OKRs.com 团队的认证教练迪克兰·雅普坚发现了一个向客户介绍 OKR 跟踪看板更好的方法。

贡 献 者

迪克兰·雅普坚，
OKRs.com 首位认证教练

用 OKR 跟踪看板留下良好的第一印象[一]

2018 年，我首次和本一起服务客户。项目刚开始我就发给客户一份 OKR 跟踪看板的通用表格。我发现看板上只有他们在工作坊中草拟的一两个 OKR 而已，大多数人并没有将 OKR 跟踪看板整合到他们的工作流程之中。为了向客户证实 OKR 跟踪看板的价值，我用了不到一小时，把他们所有最终确定的 OKR 都呈现在了 OKR 跟踪看板上。接下来，当我展示给客户时，他们惊呆了，瞬间热情爆棚。此后，我再也没有在上传客户最终确定的 OKR 之前，向他们展示过 OKR 跟踪看板。如今，OKR 跟踪看板的采用率惊人。我的大多数客户开始团队会议时，都会使用 OKR 跟踪看板。

三个问题

1. "关键"，而非"所有"。这是当前需要聚焦改进的，还是在可接受的范围内？

2. 具体/可衡量。与其将关键结果写成"将指标 A 增加到 Y"，不如将其写成"将指标 A 从 X 增加到 Y"。基线是什么？

3. 分值。团队认为怎样的承诺值是高度可控的，并且有 90% 的可能性实现？哪些挑战性的成果虽然依赖外部因素，但仍有 10% 的可能性实现？

[一] 无论跟踪看板是电子表格还是专门的 OKR 软件，迪克兰·雅普坚都成功地将 OKR 加载到看板之中。虽然我们不会在本书中分析 OKR 的软件工具，但 OKR 教练网会对软件供应商进行探讨和评估。

提示：

- 客户正在跟踪的指标，并不意味着就是一个关键结果。不断挑战你的客户，看看他们是否愿意将指标维持在当前水平。如果是，就将这类关键结果归于健康度量项，并将其从关键结果中删除。
- 如果客户无法确定某个指标是否可以作为关键结果，那就不要保留它。少即是多。
- 将步骤3、4、5作为辅导的一部分，和团队一起回顾。
- 在发布OKR之前，与领导层一起审核并确认纵向对齐。
- 在统一的位置发布最终确定的OKR，确保在整个周期中可见。

客户将最终确定的OKR发布到OKR跟踪看板后，我们就完成了OKR周期的步骤一，是时候庆祝一下了。接下来，让我们看看辅导客户完成步骤二：OKR的跟踪和监控的各项细节。

步骤二：OKR的跟踪和监控

陷阱：

- 没有任何检查，"定了就忘了"。
- 引入太多OKR的专项会议和流程。

解决方案：

- 将OKR与团队正在运用的会议和报告相整合。
- 与多个团队开展一次中期跟踪。

通过OKR周期的步骤一，目标被确定下来，团队也兴奋了起来。希望你能采用我们在上一节中提到的迪克兰的方法，以确保最终的OKR都在同一个位置发布，也就是 OKR 跟踪看板中。接下来，我们建议开展一些课程，辅导客户完成步骤二：OKR 的跟踪和监控。如果缺乏教练的辅导，很多团队都会回到办公室，按照他们的任务清单行事，而不会把 OKR 整合到日常工作之中。

贡 献 者

马德琳·德尔·蒙特（Madlyn Del Monte），
OKR 教练，敏捷大佬有限责任公司创始人

OKR 共识画布

作为 OKR 教练，我注意到一些对 OKR 充满热情的团队并不知道他们所写的 OKR 意味着什么。很多团队制定了 OKR，却没有把 OKR 融入日常工作之中。我们把这种情况叫作"定了就忘了"。我应客户要求开发了一个共识画布。团队在画布中填写他们的 OKR 并签名。尽管画布可以个性化设计，但一般要包括团队名称、使命、OKR 的跟踪节奏、谁将参与跟踪，以及我们如何为 OKR 庆祝等内容。当每个团队通过画布深化了共识，明确了在整个周期进行跟踪的承诺，就可以避免陷入"定了就忘了"的陷阱。现在我还给个人设计了一个单页的 OKR 画布，让每个人签字并实施跟踪。这种方法从一开始就很成功，所以我所有的客户都在使用。

最常见的错误是完全忽视 OKR 的跟踪，不过，另一种错误的做法则是引入太多 OKR 的跟踪会议，让整个团队每周都参加；这种过度增加会议的做法，只会让人们觉得 OKR 是负担。我们发现把 OKR 的跟踪与团队现行的会议结合起来效果最好。与其增加更多的会议，不如将 OKR 的回顾作为团队周会或半月例会的开场白。就领导层而言，只跟踪最高层的 OKR 更为有益。

仅就最高层的 OKR 而言，你可以辅导领导层实施跟踪和监控这个步骤，确保每一个关键结果在 OKR 周期中都至少有一次讨论。以我们的经验来看，领导团队在会议结束后总是会给予积极的反馈。你还可以提供第二项辅导，帮助领导团队编制 OKR 跟踪报告，以便在周期中向更高层的组织汇报。所以，如果你恰好只是从最高层的 OKR 开始，那么跟踪的步骤可能会转化为几次辅导课程。你还可以获得另一个好处。领导团队的成员往往扮演着团队领导者的角色。因此，当客户在接下来的周期中把 OKR 扩展到团队层面时，他们就会基于在最高层 OKR 的跟踪经验而成功扩展到团队层面。

如果客户一开始就希望辅导团队层，那么我们建议将范围缩小至 3～5 个试点团队，辅导他们完成一个完整的 OKR 周期。记住"爬－走－跑"的信条，在第一个周期中要强调的是学习，到了第二个周期再来探索如何最有效地扩展应用范围。无论你以何种方式开始，大多数项目最终都会需要你辅导多个团队。因此，本节将重点介绍如何辅导团队进行跟踪和监控。

团队层 OKR 的跟踪辅导有两种形式：①单团队跟踪辅导，面向一个团队的全体成员（这种情况最普遍）；②多团队跟踪辅导，面向多个团队的成员。如果组织的规模少于 100 人，那么多团队辅导可以纳入全员会议。首先，让我们看一下单团队跟踪辅导。

单团队跟踪辅导

我们有些客户喜欢在 OKR 周期的每一个步骤中运用标准化工具。在步骤一中，我们提供了制定 OKR 的模板和跟踪看板。虽然大多数专门的 OKR 软件都可以用来跟踪和监控进度，不过，很多客户往往没有专门的 OKR 软件。因此，对于步骤二，我们帮助客户开发了一个跟踪模板。如表 5-1 所示，这个跟踪矩阵来自《OKR 工作法》。

表 5-1　OKR 周期步骤二：OKR 跟踪和监控矩阵模板

1. 进展	2. 预评分
• 我们在上周（月）的行动中是如何推动 OKR 的？ • 关键结果的当前值	• KR 经理输入预评分 • 使用选定的评分系统
3. 障碍	4. 下周（月）工作
• 资源问题？外部因素？风险？ • OKR 是否驱动了正确的行为表现？	• 列出推动 OKR 的各项工作 • 标注姓名

无论采用哪一种系统进行跟踪和监控，几乎所有的客户都会在统一的位置以标准格式记录进度。我们建议让客户选择自己体验感最佳的方式。

除了专门的 OKR 软件，我们也常常会运用谷歌 Sheets、微软 PowerPoint、WIKI、Slack 和 Asana 等通用系统进行跟踪记录。步骤二 OKR 跟踪的记录应当与步骤一 OKR 发布在同一个位置。KR 经理更新关键结果，并将其作为结构化研讨的一部分。我们在上面的示例采用的是 2×2 的矩阵，同时跟踪模板也可以是结构化的一系列问题。以下是我们的客户 Lora Health 开发的一组结构化问题示例。

贡 献 者

安德鲁·舒兹班克（Andrew Schutzbank），
Lora Health 高级发展副总裁

每个关键结果有五个正式的跟踪问题

我们每月进行一次正式的跟踪，通过以下五个问题，对每个关键结果进行结构化的讨论。

1. 关键结果今天的数值是多少？（如果你没办法回答，自然会设法使衡量变得自动化。）

2. 你采取了哪些行动，推动关键结果？

3. 你从中学到了什么？

4. 下一步的计划是什么？

5. 风险是什么？我们如何降低风险？

正如马德琳·德尔·蒙特在她的OKR共识画布中所指出的，团队应该在OKR周期开始时就跟踪的频率达成一致。这种节奏可以是每周、每两周、每月，甚至不定时。不过，所有制定OKR的团队必须确保至少一次中期跟踪。如果团队从来没有就OKR的跟踪达成共识，那他们很可能会跳过步骤二，陷入"定了就忘了"的陷阱。虽然团队通常会以自己独特的方式将OKR整合到他们的团队会议中，但我们大多数客户都会要求开展至少一次正式的跟踪，并单独记录在案。除了团队内部的跟踪之外，客户也应该有一个正式的系统来讨论跨团队的OKR。

多团队跟踪辅导

对于多个团队同时运用OKR的组织，我们建议辅导这些团队开展正式的中期跟踪。不要让各团队逐一报告他们每一个OKR。除了高层OKR之外，各团队把所有的OKR通读一遍完全是浪费时间。相反，我们建议给每个团队一点时间，让他们专心和大家分享两个关键结果。其中之一运行正常，我们称之为"重大胜利"。另一个运行不畅，我们称之为"重要学习"。

当分享重大胜利时，KR经理常常会用几分钟时间来展示他们的进步，同时感谢其他团队的支持。有些组织还会为关键结果的重大胜利鼓掌庆祝。在分享重要学习的经验教训时，KR经理应该承担责任，分享他们从实际业务和OKR运用过程中学到的知识，而不是相互推诿，或者指责团队之外的人。同时，我们鼓励大家为每一位分享学习经验的KR经理加油鼓劲。这种方式会强化人们对OKR的认识，OKR的价值不仅仅在于可衡量的进步，还在于学习。此外，鼓掌也可以使会议更顺畅、更有效。

在跟踪会议中指定一位计时员，确保会议按计划进行。典型的多团队中期跟踪需要一小时。虽然有些客户安排了更长的时间，但我们发现最好将中期跟踪控制在两小时以内。如果某个团队超过了10分钟，可以用掌声将其打断。此外，为了让会议顺利进行，组织应当将中期跟踪限制在10个团队以内。在完成中期跟踪之后，你就可以进入OKR周期的最后一步，反思和重设。㊀

步骤三：OKR 的反思和重设

陷阱

- 完全跳过这一步。
- 只是回顾，而没有将经验应用到下一个 OKR 周期。
- 主要是用关键结果的得分来评估绩效。

解决方案

- 提前准备反思和重设；由外部教练设计研讨的结构。
- 从上季度的 OKR 中吸取经验教训。
- 将学习成果在下一周期制定 OKR 时予以应用，避免将关键结果的评分作为绩效评估的工具。

反思和重设是 OKR 整个周期中我们最喜欢的部分。与回顾不同，这个步骤既是对过去的反思，也是对未来的重新审视。我们如此喜欢这个部分，也许是因为我们将其归功于自己的创造！这是真正将理论和实践深度融合的机会。作为 OKR 教练，你无须要求客户为关键结果的达成负责，

㊀ OKR 教练网的成员可以获得更多来自中期跟踪真实场景的内容。比如，我们将探讨如何以及何时在 OKR 的周期内修改或删除关键结果。

但你应该让客户对他们的学习负责。每个团队必须从关键结果中总结经验。这是帮助客户提升他们目标制定能力的好机会，有助于他们在下一个周期中应用所习得的经验。

面对即将进行的反思和重设辅导，我们的客户一般会通过电子邮件明确他们的期望。下面是客户发给各团队负责人的一封真实的电子邮件，通知他们在第一个 OKR 周期结束时准备反思和重设。客户倾向于由 OKR 项目经理发送这类邮件，而不是 OKR 外部教练。

OKR 周期步骤三通知邮件示例

反思和重设

发送时间：OKR 周期结束前 2～3 周

主题：为即将到来的反思和重设辅导做好准备

自：OKR 项目经理

至：12 个制定 OKR 的团队负责人。㊀

内容：

各位好！

大家知道，我们的 OKR 教练已经辅导我们完成了步骤一：OKR 的制定和对齐，以及步骤二：OKR 的跟踪和监控。在即将完成第一个 OKR 周期的时候，我们应该为步骤三：反思和重设做好准备了。这一步的成果是总结经验，并起草一系列的 OKR，我们将在下个季度对其进行优化。在我们第一个 OKR 周期结束时，[OKR 教练姓名] 将为我们带来反思和重设的辅导课程。课程计划在 9 月的最后一周举办，请直接与 [OKR 教练姓名] 协调日程安排。参会人员包括所有的 KR 经理，就第一轮复盘会而言，我们每一次辅导的参与名额为 3～5 人。

以下是我们第四季度开始下一个周期时，创建 OKR 的时间表。

㊀ 类似这样的邮件也可以发送给参与第一次工作坊的全体成员，或者是所有的 KR 经理，KR 经理将在会议期间反思和重设他们的关键结果。

- 10月1日：反思和重设。
- 10月7日：请CEO审核OKR草案，明确方向。
- 10月14日：在［OKR教练姓名］辅导下完善OKR。
- 10月21日：在OKR跟踪看板发布。

为即将到来的会议做好准备：

我们将和［OKR教练姓名］一起从"学习周期"进入"应用周期"。根据大家的反馈，我们将保持相同的团队，以维持一致性。

同时，虽然我们预计有不少目标不会在每个季度发生太大变化，但我们也相信大多数关键结果每个季度都会发生变化。

说明：在新的OKR周期开始（或上一个周期结束）时，你大约需要一小时的时间反思上一个周期的OKR，并应用其中的经验重新设定自己当前周期的OKR。"反思"的成果是：①获得最终得分，②记录学习经验，③区分"保持""修改""删除"三种情况。下面简要介绍一下区分三种情况的原因。

保持：关键结果的最终得分没有达到我们的期望，我们需要继续专注于这项指标。因此，我们仍然需要一个类似的关键结果，在保持其结构的前提下将数字进行调整。

修改：第三季度的关键结果是有价值的，但我们可能需要修改。例如，我们制定的关键结果是"实现新客户收入500万美元"，结果我们仅仅通过一个客户就实现了1000万美元的收入。我们意识到，理想的结果应该是获得更多的客户。在这种情况下，我们可以将关键结果修改为"获取5个新客户，每个客户的收入均超过100万美元"。

删除（"删除"可以分为"放弃"和"推迟"）：我们应当将那些已经完成的或者大家认为不再值得追求的关键结果删除。有的关键结果可以在删除后，将其归为健康度量项在下一个周期进行监控。还有的关键结果尽管仍有价值，但已经不是当前需要聚焦改进的重点，则可考虑将其推迟到未来的周期。

反思和重设辅导的成果是下个季度的OKR草案。基于第三季度的反思，以"保持"和"修改"两种类型的关键结果为基础，团队就可以开始起草和完善第四季度的 OKR。

如果你对下一步的安排或在 OKR 方面有任何疑问，请随时与我联系！

谢谢！

（OKR 项目经理姓名）

让我们来看看新加坡一家保险公司反思和重设辅导的成果。在我们的辅导下，每个 KR 经理就各项关键结果进行了简短的讨论。所有团队成员也都参与其中，随时发问。

回想一下，OKR 跟踪看板应该包括 OKR 周期所有的三个步骤。为了说明反思和重设是如何在实践中发挥作用的，我们以一个关键结果为例来进行说明："证明在线伙伴模式的可扩展性"。就反思和重设这一步骤而言，OKR 跟踪看板关注的是三个方面：①最终得分，②学习经验，③保持、修改或删除。表 5-2 是客户应用 OKR 跟踪看板进行反思和重设的实例。

表 5-2　OKR 跟踪看板中的反思和重设表

关键结果	最终得分	学习经验	保持 / 修改 / 删除（下一周期注意事项）
将 F 类合作伙伴数量从 100 个增加至 500 个（0.3）承诺值：200 个（0.7）冲刺值：300 个	数量：140 个 得分：0	没有证据表明，合作伙伴预付了款项，他们就会自己开展销售 合作伙伴需要更多支持 不能仅仅考虑合作伙伴的签约量	修改 制定类似这样的关键结果："增加高质量的合作伙伴，通过在签约量从 X 达到 Y 后一个月内售出 3 份保单来衡量"

这种情况下，关键结果得分为 0。反思产出的是有真凭实据的经验，我们可以将这些经验应用于重新设定，起草下个周期中需要修改的关键结果。[一]在步骤一制定关键结果时，团队期望能够轻松地将 100 个合作伙伴

[一] 回想一下在第 2 章中提到的三个主要的学习领域：①如何优化 OKR 项目，②如何更好地完成工作，③如何最大地创造商业价值。这项关键结果属于第三类，即如何最大地创造商业价值。

增加到 200 个。事实上，200 个合作伙伴意味着 0.3/ 承诺值的水平。当我们指出这个增长率非常高之后，团队坚持认为只要低于 200 个就是他们的失败。虽然他们觉得 500 个合伙人有点勉强，但他们有 50% 的信心在季度结束时拥有 300 个合作伙伴。

在我们开始反思和重设的辅导时，最终的分数已经被记为"数量 140 个，得分 0"。事实上，在推动 OKR 的过程中，他们就意识到找合作伙伴是很容易的事，但找到合适的合作伙伴并不那么容易。学习经验一栏也填好了，团队花了几分钟的时间总结经验，准备起草下一个周期的关键结果。此时所有人都认为，重点需要转移，要获得更多高质量的合作伙伴，而不是一味增加总量。作为 OKR 外部教练，我问他们："什么样的合作伙伴是高质量合作伙伴，我们如何让这些因素变得可以衡量？"接着，团队用"通过……衡量"的句式阐明了"高质量合作伙伴"的含义。

虽然他们没有在反思和重设的过程中将关键结果细化为承诺值、冲刺值和挑战值，但他们已经运用上个周期的经验草拟了下一个周期的关键结果。他们发现，新合作伙伴如果不能快速售出保单，往往会彻底退出。所以，他们基于这种认识，将关键结果重设为"增加高质量的合作伙伴，通过在签约量从 X 达到 Y 后一个月内售出 3 份保单来衡量"。以起草下一周期的 OKR，并将其作为这一周期的结束总结，为客户实施下一周期的第一个步骤奠定了成功的基础。

成功举办反思和重设辅导课程的提示如下。

目的：明确反思和重设辅导的目的。例如：①就每个关键结果的最终分数达成一致，②从上个周期 OKR 的实践中总结经验，③将这些经验教训应用到下一周期 OKR 的起草中。

时间：30 ~ 60 分钟，根据关键结果的数量而定。限制每个关键结果的时间不超过 10 分钟。如果需要更长时间讨论某个特定的关键结果，要明确由谁负责在会后组织，解决悬而未决的问题。

参会者：KR 经理必须参加；理想情况下，请团队全员参与。

OKR 全周期教练辅导案例：客户成功团队

行文至此，我们已经详细介绍了 OKR 周期的三个步骤。现在我们再来介绍一个 OKR 教练辅导的案例，它遵循了 OKR 周期中的每一个步骤。客户是一家高科技电子商务公司，在与我联系之前，他们的 OKR 已经运用了一个完整的周期。领导层认为他们制定的 OKR 太多，而且觉得在他们自己的初次尝试中，OKR 整体的质量很差。大多数团队设定了好几个目标，还有 10 多个关键结果，这些关键结果中的大多数都是没有数字的里程碑式 KR。领导团队表示，他们采用 OKR 的目的是让每个人做正确的事，同时正确地做事。这个组织正在飞速发展，每个人都认为，大家"工作非常努力，承担的项目超出了自己的能力"。他们希望运用 OKR，让团队更加自律和专注，而不是盲目追逐那些新颖的、看起来很有吸引力的目标。

步骤一：OKR 的制定和对齐

与所有客户一样，我们在开始 OKR 全周期的辅导之前进行了 OKR 的系统设计。这个案例中，最突出的设计要素是：①每个团队的目标不超过两个，②评分方法在《OKR 工作法》的基础上进行调整。与 OKR 工作法中每个关键结果以 50% 的信心指数来描述不同，他们将每个关键结果以 20% 的信心指数进行描述。本案例研究着重于客户成功团队。该团队的负责人吉米和他的团队在使命陈述上很快达成了共识，并一起完成了对齐检查的步骤。本案例的 OKR 最终版本如下。

使命： 使电子商务公司 ABC 成为为零售商创造价值的、长期紧密的合作伙伴。

目标： 至第三季度末，来自现有合作伙伴的总收入达到 2018 年的 90%。

为什么现在？ 虽然不断获取新的合作伙伴很重要，但保留现有的合作伙伴才是至关重要的，只有这样才能证明我们的商业模式的可行性。尽管随着时间的推移，长期合作伙伴常常需要以更优惠的费率续订我们的服务，从而优化其收益模式，但如果能够长期为他们创造价值，我们就能够通过这类续订保持相应的利润。而一旦我们拥有了合作伙伴长期续订的坚实基础，就可以证明我们的模式是双赢的，必将更轻松地吸引新的合作伙伴。

关键结果：

1. 保留所有前 10 大合作伙伴，并在第三季度续签，平均保留现有收入水平的 90%。

2. 在第三季度，将企业产品批准或发布的数量从第二季度的 3 个增加到 5 个。

3. 将恳谈会从第二季度的 50 次增加到第三季度的 100 次（每次会议都必须有推动前两项 KR 的举措）。

我用大部分时间辅导客户制定可衡量的关键结果。以下是我作为 OKR 外部教练辅导客户成功团队负责人吉米时的部分对话。这段教练辅导的摘录展示了我们如何在 OKR 周期第一个步骤临近结束时，完善三个关键结果。

OKR 教练本： 我们如何知道自己能够按计划完成第三季度的目标，并从现有合作伙伴那里保留 2018 年总收入的 90%？我还想知道现在有多少合作伙伴？所有的合作伙伴都是一样的吗，还是部分合作伙伴比其他人更有影响？

吉米：我们有几百个合作伙伴。是的，有些合作伙伴比其他人更有影响力。事实上，在接下来的几个月里，我们想把重点放在前十大合作伙伴的续签上。这前十位约占潜在合作伙伴续订收入的80%。

本：好的，那我们应该如何衡量呢？是续约或不续约这么简单吗？

吉米：有点，但不完全是。我们倾向于留住几乎所有的合作伙伴。棘手的是，我们既希望他们续签，又不想付出太多代价。我们不仅想留住所有的合作伙伴，还要保证不损失收入的份额。收入分成一般在1.5%～2.5%。

本：那么，你是在衡量自己保持收入份额的同时续签合作伙伴的能力？

吉米：是的，如果把所有的合作伙伴都算进去，包括那些因为种种原因流失的，我们合作伙伴的收益留存率应该在70%～90%。

本：就第三季度而言，你能想象的最令人兴奋的收益留存率是多少？

吉米：从理论上讲是100%，但实际上是不可能的，因为没有一个合作伙伴会是为了增加我们的收入而存在的，所以随着时间的推移，我们的收入会略微减少。我觉得90%就相当不错了。

本：好，你觉得这是一个关键结果吗？

吉米：是的。

我们得到了关键结果1：保留所有前十大合作伙伴，并在第三季度续签，平均保留现有收入水平的90%。

吉米：我们要根据合作伙伴的需求推出新产品，以证明我们能够提供更多的价值且具备响应能力。我们需要一个类似的关键结果，比如在第三季度推出五款产品。

本：这有可能吗？

吉米：实际上没有，但我们可以把它写成在第三季度正式发布，或者获得发布许可。

本：任何产品都算吗？

吉米：不。我们只计算企业级产品，它们才是合作伙伴所需要的。

本：好，这听起来像是一个潜在的关键结果。你是否一直在衡量过去推出的企业产品数量（比如上个季度）？

吉米：是的。上个季度，我们推出了两个产品，另有一个产品获得了批准，但我们的 CEO 和合作伙伴都想得到更多。我们在市场上只要推出产品就能引起轰动。事实上，就算只是获得批准，我们也可以进行新闻发布，一样可以留住和吸引新的合作伙伴。

本：我不太建议仅仅把产品发布的数量作为关键结果。关键结果衡量的应该是产品发布后带来的影响。

吉米：我明白，但我们在相当长的一段时间内都不会看到产品发布的真正影响。不过，短期内还是会对业务有一些影响，因为新产品的推出意味着我们在进步。这样，我们就可以在与合作伙伴见面时分享一些积极的东西。顺便说一下，这正是我们合作关系发展最重要的指标。我们应该更加积极主动地与他们合作，而不是等一两个月后才开始续约。

我们得到了关键结果 2：在第三季度，将企业产品批准或发布的数量从第二季度的 3 个增加到 5 个。

本：我们如何衡量自己的主动性？

吉米：主动性基本上是通过恳谈会体现的。上个季度我们开了 50 次恳谈会。如果这个季度我们能翻一番，那就太好了。也就是在第三季度总共开展 100 次，如果说第三季度有 10 个完整的星期，那么每周就有 10 次。这样一来，我们五个关键客户中的任何一位，差不多每周都会参加两次恳谈会。虽然有点牵强，但感觉还是有可能的。

本：我们通常不希望看到像"开多少次会议"这样的关键结果，因为那听起来更像是任务。恳谈会的预期成果是什么，是否所有的恳谈会都具有同样的影响力？

吉米：好问题。有些会议的确比其他的好。预期的成果是能够了解到是什么在发挥作用，以及我们在哪些方面需要做得更好。

本：好，你能想象一个特别有影响力的恳谈会以及一个没什么影响力的恳谈会吗？

吉米：好的恳谈会都有结果记录在案，并让团队知晓。

本：记录在案的结果如何让团队知晓？

吉米：如果能提出一个明确的行动计划，或者我们能从合作伙伴那里得到一项建议，让我们知道如何提高留存率或者如何开发企业产品时，恳谈会就取得了很好的成果。

本：那么"将恳谈会从第二季度的50次增加到第三季度的100次，其中包括提高留存率或开发新产品的书面意见"呢？

吉米：我真是太喜欢这个关键结果啦！我们明确要求每次恳谈会必须提出驱动KR1或KR2的后续行动如何。这将促使我们在会前百分之百地明确会议目标，让我们专注于前两项关键结果，而这些正是我们希望在下一个OKR周期聚焦的重点。这样才会切实地促进责任。

我们得到了关键结果3：将恳谈会从第二季度的50次增加到第三季度的100次（每次会议都必须有推动前两项KR的举措）。

吉米：我们的团队起草了第4个关键结果："创建可感知的合作伙伴反馈回路，塑造企业路线图。"

本：好的。我们如何知道合作伙伴反馈回路可以驱动路线图，我们如何知道这是一件好事？

吉米：我明白你的意思了，让我考虑一下这个问题，回头再跟你讨论。

以下是我发送的邮件：

主题：OKR教练辅导笔记——客户成功团队吉米
内容：
你好吉米，
刚才的会议很棒！
总结
- 审核你的OKR
- 修改目标以反映第三季度的时间框架

要领
- **吉米**：对于KR3，我们不是简单地计算恳谈会的次数，只有会议明确产生能够推动KR1或KR2的后续行动，才可以认定。
- **本**：获得发布许可与实际发布都具有价值，所以我们通过优化KR2来体现这一点。

下一步
- 关于你的KR4，考虑建立一个基线来衡量反馈回路的质量。创建反馈回路只是一项任务，问题应该是：反馈回路的预期成果是什么？我们怎么知道这个回路可以产生积极的影响？把你改进后的KR发给我，或者预约一次30分钟的辅导共同完善。
- 请CEO审核OKR，并最终确定。可以考虑为你、我和CEO安排一次30分钟的会议，以确保进展顺利。
- 在OKR跟踪看板上发布。请继续关注这方面的细节！

深入思考了恳谈会的预期成果。认识到每一次恳谈会的目标是明确推动前两项KR的后续行动，将确保恳谈会富有成效。

——本

步骤二：OKR 的跟踪和监控

经过与 CEO 的沟通，吉米最终确定了他们的 OKR，然后在 OKR 跟踪看板上进行发布。几周之后，到了中期跟踪的时候，吉米和他的团队在 OKR 跟踪看板上完成了中期跟踪的表格，如表 5-3 所示。

表 5-3　OKR 跟踪看板之中期跟踪表

关键结果	KR 经理	中期实际评分	中期信心指数
1. 保留所有前 10 大合作伙伴，并在第三季度续签，平均保留现有收入水平的 90%	吉米	4/10（40%）	80%
2. 在第三季度，将企业产品批准或发布的数量从第二季度的 3 个增加到 5 个	迈尔斯	1/5（20%）	40%
3. 将恳谈会从第二季度的 50 次增加到第三季度的 100 次（每次会议都必须有推动前两项 KR 的举措）	蒂娜	50/100（50%）	80%

以下是吉米对跟踪和监控环节的分析："我们有记录着团队 3 个关键结果的跟踪表。这张表是实时的，随时指引着我们团队向成功迈进。每次团队会议开始时我们都会快速检视每个关键结果的进展。这样，每个人始终都会很清楚这些关键结果，而且明白我们是如何进行跟踪的。虽然我们会就恳谈会每周完成的数量相互鞭策，但一切都是以富有成效的方式在进行，这种方式让我们团队更加专注、更加协同。"作为外部教练，我为吉米和他的团队提供了单团队跟踪辅导。整个 OKR 周期的辅导将以反思和重设结束。

步骤三：反思和重设

临近第三季度结束的时候，我为吉米和他的 KR 经理们提供了一次反思和重设的教练辅导，让大家从客户成功团队的 OKR 中总结经验教训。我们确认了每个关键结果的最终得分，并分析了哪些方面行之有效，哪些方面需要改进。请注意，团队达成共识的得分似乎显得有些随意，因为他们没有采用 0.3/ 承诺值和 0.7/ 冲刺值的预评分系统。表 5-4 呈现了最终得分以及保留、修改或删除的决定。由于格式不匹配跟踪看板，所以我们添加了关键结果的解释，详见图的下方内容。

表 5-4　OKR 跟踪看板之反思与重设表

关键结果	最终得分	经验总结	下一周期 保留/修改/删除
1. 保留所有前 10 大合作伙伴，并在第三季度续签，平均保留现有收入水平的 90%	1.0	见下方	保留
2. 在第三季度，将企业产品批准或发布的数量从第二季度的 3 个增加到 5 个	0.3	见下方	修改
3. 将恳谈会从第二季度的 50 次增加到第三季度的 100 次（每次会议都必须有推动前两项 KR 的举措）	1.0	见下方	删除

关键结果 1

得分 1.0。我们最终将这一比例锁定在 89.6%，四舍五入就达到了 90%。

经验总结：回想起来，这几乎是个奇迹。尽管我们清楚 1.0 的水平没那么容易达成，但这次的结果的确是实实在在的，我们可没有愚弄评分系统。

下一周期是保留、修改还是删除？保留。令我有顾虑的是，如果我们现在把它作为一项健康度量项，我们可能不会聚焦。不过，如果我们在下个季度继续保持 90% 的水平，那我们就可以把它从我们的 OKR 中移除，将其归类为健康度量项。对我们来说，这无疑是重大的胜利。

关键结果 2

得分 0.3。我们虽然取得了进展，但只完成了一半。即只发布了一个产品，获得了另一个产品的批准，我们认为应该是 0.3 分。

经验总结：事实证明，要想在三个月内发布新产品哪怕只是获得发布许可都是非常困难的。我们确实在现有的产品上增加了一些令合作伙伴满意的核心功能，我们的确在这方面取得了一些进展。但教训是，我们应该把它设为依赖性的关键结果，甚至与产品团队共享这个 OKR，因为我们并不是真正推出产品的团队。我们的重点是从客户那里收集产品需求并在内部分享，有时也会就工作的优先级给予反馈。展望未来，我们需要与外部团队展开更多的对话，我们需要在 OKR 最终确定之前与紧密合作的团队一起审视。总之，我们应该确保与跨团队的 OKR 保持对齐。

下一周期是保留、修改还是删除？修改。我们将与产品团队保持同步，以实现关键结果的对齐协同。

关键结果 3

得分 1.0。我们完成了 100 多次的恳谈会，每次会议都得到了有助于推动我们前两个 KR 的成果。

经验总结：关键结果必须明确具体。如果我们当初写成"100 次恳谈会"，就不可能从这些会议中获得这么大的价值。

下一周期是保留、修改还是删除？删除。从现在开始，我们将把它作为一项健康度量项进行监控。

◆ **教练辅导要领**

- √ 每一支接受辅导的团队，都应当做出承诺，全部完成 OKR 周期的三个步骤。
- √ 确保客户的 OKR 跟踪看板能够用于整个周期的监控。
- √ 步骤一：OKR 的制定和对齐

  应用七步法制定团队层的 OKR。

  帮助团队明确他们的长期使命，从而为 OKR 的制定提供背景。

  确保客户的关键结果全部符合有效关键结果的 8 项特征。

√ 步骤二：OKR 的跟踪和监控

将第一个周期的 OKR 发布于 OKR 跟踪看板上。

将 OKR 整合到现行的会议和报告系统之中。

辅导多团队的中期跟踪，并力求简短。

√ 步骤三：OKR 的反思和重设

提前一周进行准备。

OKR 项目经理可以使用本章提供的邮件模板，准备反思和重设的辅导课程。

每一项关键结果都应花 5 ～ 10 分钟，运用外部教练提供的框架进行反思和重设。

注重学习，并起草下一周期的 OKR。

☞ **第 5 章　练习一：开展一次 OKR 的辅导，并发送辅导邮件作为跟进**

完成以下辅导：① OKR 制定辅导，② OKR 中期跟踪辅导，③反思和重设辅导。

请参考本章中发给吉米的电子邮件示例。OKR 教练网的成员可以获取更多 OKR 教练的电子邮件。

☞ **第 5 章　练习二：为客户设计 OKR 跟踪看板，呈现 OKR 周期三个步骤的内容**

借鉴表 5-3 和表 5-4。

通过 OKR 跟踪看板呈现客户 OKR 实际的内容，并与 OKR 项目经理共同审视。

后　记

开启你的 OKR 教练之旅

现在，你已经读完了第一本 OKR 教练的实战手册，获得了辅导组织应用 OKR 项目三个阶段的操作指南，为自己的 OKR 教练之旅奠定了基础。

希望你尽快开始应用 OKR 的旅程，而且最好是同他人一起完成。在实践过程中，OKR 教练网可以不断提升你的教练水平，帮助你达到新的高度。正是我们创办的 OKR 教练网，推动了世界各地 OKR 教练的广泛参与，使这本书得以出版。OKR 教练网的使命是促进 OKR 教练的沟通，共享最佳实践经验，发展 OKR 教练的技能，从而提升各国组织聚焦、协同、承诺、沟通及学习的能力。

OKR 教练网的成员可以在论坛中相互交流，并与全球顶尖的 OKR 专家进行问答互动。OKR 教练网的成员还可以获取以下资料：

1. OKR 工作坊的课件与讲义范本。
2. OKR 教练辅导方案与工作计划的范本。
3. OKR 周期每个步骤的教练辅导邮件模板。
4. OKR 跟踪看板表格范本。
5. 最新 OKR 专用软件的分析。

为了让 OKR 教练网更具有现实意义，本书最后将呈现一些来自 OKR

教练网的内容，包括：① OKR 教练的提问，② OKR 工作坊讲义及 OKR 起草模板的范例，③无效和有效的 OKR，④我们相信能帮助你成为更好的 OKR 教练的故事。

OKR 教练的提问

回想一下 OKR 的定义——"严密的思考框架和持续的纪律要求，旨在确保员工紧密协作，把精力聚焦在能促进组织成长的、可衡量的贡献上。"我们认为这是一个动词性质的定义，而不是名词。如果 OKR 仅仅是指一系列的目标，那么将 OKR 定义为名词是可行的。但是，OKR 实际上是一个持续的批判性思维过程。这种持续的批判性思维就是不断地反思和发问。

无论你在 OKR 项目中扮演什么角色，都应该熟悉构成批判性思维框架的最常见的问题。下面是 OKR 周期中此类问题的概要。我们从步骤一"OKR 起草辅导"开始，直至步骤三"反思和重设"结束。记住，这些问题没有任何固定的顺序，你应该在整个 OKR 周期中提出来，而不仅仅是在刚开始的时候。OKR 教练网的成员可以获取第一阶段系统设计的问题及解答、第二阶段导入培训使用的问题和练习示例，以及更多在 OKR 教练辅导过程中激发出顿悟时刻的辅导脚本。

以下是常用的教练辅导问题。

OKR 周期步骤一：制定和对齐的问题

关于使命的问题

1. 我们为谁提供服务，我们的客户是谁？

2. 我们为什么存在，我们的目的是什么？

3. 我们提供什么，其中的核心是什么？

4. 我们的长期影响力是什么？

5. 如果你在电梯里遇到一位新员工，你如何用一句话介绍团队是做什么的？

关于对齐协同的问题

1. 我们依赖于哪些团队？

2. 哪些团队与我们紧密合作？

3. 哪些团队依赖于我们，如何依赖？

关于目标的问题

1. 近期需要我们聚焦取得可衡量进展的最重要的领域是什么？

2. 为什么这个目标如此重要，为什么是现在？

3. 如果我们只能聚焦一个目标，那会是什么？

4. 这个目标如何驱动我们践行自己的使命？

5. 我们是否需要一个目标来说明如何与某个特定的团队合作？

关于关键结果的问题（起草阶段）

1. 基本问题：到周期结束时，我们如何知道目标达成了？

2. 关键结果的草案是否反映了目标，如果没有，请考虑修改目标或者将关键结果与另一个目标匹配。

3. 我们应该提出何种指标以反映我们需要在这个领域做出的改进？

4. 我们如何知道在目标的达成方面取得了进展？

5. 我们如何使其可衡量？

将任务/产出转化为成果/关键结果的问题（起草阶段）

1. 基本问题：这项任务预期的成果是什么？
2. 我们完成了这项任务，是否意味着我们达成了目标？
3. 通过完成这项任务，你能想象的最好的成果是什么？

挑战关键结果的问题（起草和完善阶段）

1. 所有的关键结果全部在期末达成了，是否意味着目标实现，还有什么遗漏吗？
2. 我们是否兼顾了定性的关键结果和定量的关键结果？
3. 我们是否兼顾了前导指标和滞后指标？
4. 我们如何减少关键结果的数量，只保留最重要的一项？KR1 达成了，是否意味着 KR2 也达成了？

关于关键结果的问题（完善阶段）

1. 振奋人心：你能想象的最令人振奋的成果是什么？
2. 可衡量：相对于"将指标增加至 Y"，我们是否可以明确现在所处的水平，是否可以描述为"将指标从 X 增加至 Y"？
3. 具体的：当我们提到"客户"时，我们指的是"新增客户"还是"现有客户"？
4. 清晰：专业术语或缩略语是否可以删除或澄清，一个高中毕业生可以理解这个关键结果吗？
5. 评分

（1）0.3/承诺值：我们有 90% 的信心可以达成，并可以做出承诺的进展是什么？何种程度的进展我们团队完全可控，无须依赖外部因素？

（2）0.7/冲刺值：何种程度的进展虽然困难，但是可以达成？何种程度的进展我们只有 50% 的信心达成？

（3）1.0/ 挑战值：我们能想象的最令人振奋的成果是什么？我们仅有 10% 的信心可以获得的进展是什么？

6. KR 经理：谁是更新进度并确保我们充分协作达成关键结果的核心人物？

7. "关键"，而非"所有"。这是当前需要聚焦改进的，还是侧重于维持的任务？这是常规业务还是我们需要聚焦突破的领域？

8. 健康度量项与关键结果：我们刚刚起草的关键结果在可接受的水平上吗？如果是的话，将其作为健康度量项会不会更好？

OKR 周期步骤二：跟踪和监控的问题

1. 这项关键结果的实际进展如何？
2. 我们的哪些行动驱动了关键结果？
3. 我们从中学到了什么？
4. 下一步的行动计划是什么？
5. 风险有哪些，我们如何降低风险？
6. 你预计我们到 OKR 周期结束时，可以取得何种程度的进展（得分）？
7. 为什么与上一次跟踪相比，这项关键结果的信心指数发生了变化？
8. 这项关键结果是否仍然值得关注？
9. 无论这项关键结果的进展如何，我们对它的感觉怎么样？它是否驱动了正确的行为表现，产生了商业价值？
10. 为了驱动这项关键结果付出了多少努力？资源配置是否合理？

OKR 周期步骤三：反思和重设的问题

1. 这项关键结果的最终得分是多少？

2. 回顾一下，这项关键结果的商业价值是什么？

3. 我们为这项关键结果付出的努力合理吗？

4. 下一周期，我们还想要这样的关键结果吗，为什么？

5. 接下来一段时间，你是否认为应该保留、修改、延迟，或者完全放弃这项关键结果，为什么？

6. 我们无须在近期关注这项关键结果的影响，而应该将其作为健康度量项长期监控吗？

7. 是否存在障碍或依赖因素影响关键结果的进展，我们是什么时候发现这些影响因素的，又是如何处理的？

8. 我们从解决障碍和依赖因素的过程中学到了什么，我们如何应用这些经验更好地推动 OKR？

OKR 工作坊讲义范例

前面的问题是给作为 OKR 教练的你设计的。下面的讲义范例则是由这些问题整合而成的工具，可以直接用于现场的辅导。我们的讲义篇幅不一，为高管工作坊准备的讲义只有薄薄的几页，为 OKR 内部教练培训准备的讲义则多达 25 页。

以下是我们已经在数百个团队中运用过的讲义，用于 OKR 周期的第一个步骤。全文共三页：① OKR 起草模板，②有效 OKR 的特征，③团队层 OKR 创建七步法。我们每次工作坊都会用到这份讲义的第一页，或者类似的材料。建议你也这么做。

第一页：OKR 起草模板

第一步：团队名称 / 使命：_____
→我们团队为什么存在？我们为谁服务？我们的长期影响力何在？（一句话描述）

第二步：检查对齐（5分钟）
我们依赖于这些人 / 团队：_____
这些人 / 团队依赖于我们：_____

第三步 a：目标（时间）：_____
→我们团队将在近期聚焦哪些可衡量的进展？（一句话描述）

第三步 b：为什么？为什么现在？_____（3～5 句话描述）
→明确动机，激发动力。为关键结果提供背景。

第四步：关键结果（时间）(添加更短的时间会更好）[一]
明确至少一项关键结果的预评分[二]
0.3/ 承诺值
0.7/ 冲刺值
1.0/ 挑战值
关键结果 1：_____
关键结果 2：_____
关键结果 3：_____
评分标准（以 1.0/ 挑战值描述 KR）
0.3 = 在常规努力并不依赖外部支持的情况下，我们可以取得的进展。（承诺水平）
0.7 = "颇有成效"，虽然困难，但是可以达成。（50% 的信心指数）
1.0 = 惊人的成功，但仍然有可能。（10% 的信心指数，极具挑战性）

[一] 在本讲义系统设计的部分明确客户的时间框架。
[二] 本讲义采用的是我们所推荐的志向预评分系统。如果你采用的是另一种方法，请在讲义的这个部分明确评分方法。

第二页：有效 OKR 的特征

基本问题

1. **目标**：我们希望聚焦努力，并在近期取得可衡量的进展，从而实现改进的领域是什么？
2. **关键结果**：到这个周期（季度）结束，我们怎么知道目标取得了进展？
3. **任务转化为关键结果**：这项任务预期的成果是什么？

团队层 OKR 有效的特征⊖

关键结果的质量：以下是有效的团队层关键结果的特征。你的关键结果应该满足以下大多数特征。对照这些特征来反思你的关键结果。不仅在起草时有帮助，在完善和最终确定关键结果时也至关重要。

1. **"关键"，而非"所有"**。关键结果是"常规工作"还是"关键"结果？
2. **具体**。使用特定的描述以改善沟通，避免歧义。
3. **可衡量的**。进步是客观的，不会被质疑。
4. **结果，而非任务**。关键结果是结果/成果，而不是任务。
5. **明确的**。只使用已有高度共识的词汇描述。
6. **鼓舞人心的**。设定更高的标准，更有可能获得大的成就。
7. **分值**。用预评分数来清晰地传达目标，管理预期。
8. **KR 经理**。每个 KR 都要配置一个（或两个）KR 经理，确保避免"定了就忘了"。

⊖ 这个"团队层"的模板可以很轻松地修改，以便在"高层"工作坊上使用。你可以添加"跨职能"作为高层 OKR 的有效特征。高层 OKR 应该来自多个团队的贡献。一个团队可以驾驭的 OKR，最好作为团队层 OKR，而不是高层 OKR。我们在 OKR 教练网中对此进行了广泛的讨论。

第三页：OKR 起草模板的问题

团队层 OKR 制定七步法[一]

1. 使命共识（大概一年一次，团队全员参与）

Q：你如何用一句话描述团队存在的目的？

Q：如果你在电梯里遇到一位新员工，你如何用一句话说清楚你的团队是做什么的？

2. 思考对齐（最好在开始制定之前）

Q：你的目标与哪些团队有交集？

Q：哪些团队与你合作紧密？

Q：哪些团队依赖于你？

3. 发展目标

目标的基本问题：在近期需要我们聚焦取得可衡量进展的最重要的领域是什么？为什么？

Q：你是否需要通过一个目标更好地与某个特定的团队协作？

例如，销售支持：为销售团队提供技术支持。

提示：团队负责人应当在总体上设定目标，以及 1～2 项关键结果，从而确保目标大体上确定下来。团队成员制定大多数关键结果并设定其标准。

提示：以鼓舞人心的动词开头描述你的目标，比如"开发、启用、提供"等。

提示：如果你正在一系列的目标中纠结，请回顾团队的使命。

4. 起草关键结果

关键结果的基本问题：到周期结束，我们怎么知道目标达成了？

Q：关键结果的草案是否反映了目标？如果没有，请考虑修改目标或者将关键结果与另一个目标相匹配。

[一] 高层工作坊的讲义一定要包含前面的两页。在开始之前，请与高层发起人一起审阅你的讲义，从而确保其中的细节匹配客户的企业文化。比如，有些领导不喜欢小号字体。

5. 将任务／产出转化为成果／关键结果

第一次起草关键结果时，往往会写成任务清单。没关系，你可以参考下面的提示，通过以下问题将任务转化为关键结果。

Q：基本问题：这项任务期望的成果是什么？
Q：我们完成了这项任务，是否意味着我们达成了目标？
Q：任务完成了，目标有没有可能依然没有实现？
Q：这项任务完成后，最好的成果是什么？

6. 挑战某个特定目标的关键结果

Q：所有的关键结果全部在期末达成了，是否意味着目标的实现，有什么遗漏吗？（确保我们有充分的关键结果）
Q：我们如何减少关键结果的数量？KR1达成了，是否意味着KR2也达成了？（减少并进一步聚焦）

7. 完善关键结果

在多数情况下，关键结果是可以改进的。运用有效关键结果的特征来深入检视，但不必要求每一项关键结果都满足所有的标准。

无效与有效关键结果的例子

在辅导开始之前，客户常常希望快速评估他们的关键结果。以下是我们见过的三个关键结果："10个应用案例""20%以上的留存率"和"10个新员工"。这三个简短的陈述看起来更像是草拟的关键结果。它们都需要进一步完善。事实上，它们中没有一个满足有效关键结果的特征，不要让这种模棱两可的描述出现在OKR的确定版本中！

我们建议使用"无效"和"有效"这两个词，而不是试图将这些关键结果定义为"坏的"或"好的"。有效的关键结果应当满足所有的八个特征。下表呈现了OKR教练辅导中产生的有效关键结果和无效关键结果的例子。其中包括两个度量型 KR、一个里程碑型 KR 和一个基线型 KR。我们经常在 OKR 培训的理论部分展示无效和有效的关键结果（见下表）。

类型	无效的	有效的
度量型	第四季度 NPS（净推荐值）达到 60 以上	根据前三个月美国新客户的报告，将净推荐值（NPS）从第三季度的 54 提高到第四季度的 60 0.7/ **冲刺值** = 增加到 56 0.3/ **承诺值** = 保持在 54
度量型	10 个应用案例	将迁移到新平台的应用案例（包括财务和营销）数量从 2018 年底的 5 个增加到 2019 年 4 月 30 日的 15 个 0.7/ **冲刺值** = 从 5 到 10，包括财务、营销和 3 个其他应用案例 0.3/ **承诺值** = 将财务和营销的应用案例从 5 提升至 7
里程碑型	所有团队完成一次客户访谈	所有五项功能（产品、设计、工程、销售和客户成功）都根据客户访谈记录两个未知的客户痛点 0.7/ **冲刺值**：所有五项功能都有至少一名员工根据客户访谈记录了客户痛点 0.3/ **承诺值**：产品、设计和工程都有一名团队成员通过客户访谈，确定了客户痛点
基线型	测量并达到 90% 的客户满意度	我们具备基线数据的首次客户满意度调查的回应率为 80% 0.7/ **冲刺值**：向所有确定的利益相关者发送调查问卷，并根据 20 个有效回复报告初步的结果 0.3/ **承诺值**：建立衡量客户满意度的标准，确定受访者名单（预期 100～300 名受访者）

来自 OKR 教练网的故事

故事 1　OKR 是注重价值还是注重选择（来自本·拉莫尔特）

什么时候用得上这个故事？

- 在 OKR 周期的步骤一，开始起草 OKR 时。
- 尤其是客户专注于一系列行业标准指标或者正在跟踪一系列指标时。

在你点沙拉的时候，你最先想到的沙拉酱是自己喜欢的口味，还是想先去了解一下都有哪些品种？如果你想先了解选项，那么你采用的就是注重选择的决策方法。下面一段关于沙拉酱的对话可以快速说明这种方法，相信大家会很容易理解。

服务生："您想要哪种调料？"
我："都有哪些？"
服务生："蓝纹奶酪、千岛酱、牧场酱，还有香醋。"
我："那好，就香醋吧。"

虽然看起来这并不是一个重大的人生决定，但随着体重的增加，我开始意识到，当我的孩子长大后，健康地活着对我来说是多么重要，我开始采取一种注重价值的方法。我想控油，并减少钠的摄入量。下面是另一种不同的对话：

服务生："您想要哪种调料？"
我："除了常规的调味汁，你能不能再加点橄榄油和香醋？"

我清楚自己的价值观，它们正是我做任何决策的依据。我在斯坦福大学的一位导师、《价值聚焦思维》（Value-Focused Thinking）的作者拉尔夫·基尼（Ralph Keeney），教我区分注重价值的思维和注重选择的思维，这也是我研究生决策分析课程的一部分。㊀我早已把这个方法运用到了自己工作和生活的方方面面。当我回顾自己 OKR 教练辅导的时候，我发现，卓有成效的 OKR 教练都会帮助客户聚焦于价值，而不仅仅是可能的替代方案。在 OKR 周期开始的第一步起草 OKR 时，你可能会为客户分享下面的故事。

㊀ 更多该主题的内容，请参阅拉尔夫·基尼所著的《价值聚焦思维》。

1. 用注重选择的方法起草 OKR

回想起我作为 OKR 外部教练的第一次有偿辅导,那时我为领先的教育软件公司霍布森(Hobsons)提供辅导。当时,霍布森的副总裁希德(Sid Ghatak)担任了 OKR 项目经理。为了确保项目的成功,并让大家更有信心,希德采购了每一个职能领域标准的 KPI 清单。在希德的指导下,我在霍布森最开始的几次 OKR 辅导中,运用这些指标对团队进行启发。例如,我给 HR 主管看了一份来自 APQC⊖流程分类框架的指标清单,诸如"填补空缺岗位的时间"和"拥有继任计划的高管比例"等,然后让客户起草他们的 OKR。

我就像是那个拿着菜单的服务员!不经意间迫使客户采用了注重选择的方法,限制了他们的创造力。我表现得更像是顾问而不是教练。我并没有通过提问让他们花时间反思自己的业务,而是把自己当成专家,交给他们一份菜单。我只是在建议而不是探询。以下两种迹象预示着,你的 OKR 起草将会是一个支离破碎、专注于选择的过程:

(1)你正在网上搜索一个"标准 KPI 或 OKR"的清单,作为相关职能领域起草 OKR 的基础。

(2)你的客户(上面的例子中是希德)拿出一个 OKR 的备选清单,要求团队做出选择,或者基于你提供的指标清单对关键结果进行排序。

2. 用注重价值的方法起草 OKR

我和希德花时间反思了我们刚开始的 OKR 辅导,立即决定将标准指标清单放到介绍 OKR 幻灯片的附录中。这样一来,只有需求出现时,我们才会参考这些标准指标。基于这种方法进行微调,我们后来的每一次辅

⊖ 美国生产力与质量中心(American Productivity and Quality Center),是具备丰富的流程与绩效改善资源的全球性机构。——译者注

导都获得了成功。再没有任何部门经理提出参考指标的要求。

OKR辅导应该从开放式问题开始，帮助客户阐明他们最重要的目标。创建OKR的过程必须是创造性的，应该反映客户的价值观。所以，最好从这类问题开始：为了实现长期使命，你需要聚焦的目标是什么？最重要的目标是什么？为什么它现在如此重要？

当把标准指标清单引入辅导时，就启动了注重选择的方法。这种错误其实很容易避免，就是不要在辅导中提供任何OKR或指标的清单，从一张白纸和基本的问题开始。

不过，当客户的思维局限于现有的KPI时，就会出现一种微妙地注重选择的思维。为了充分领会这种思维的危害，让我们先来看一则关于路灯的故事[一]：

警察看到一个醉汉在路灯下找东西，就问他丢了什么。他说钥匙丢了，于是他们俩就一起在路灯下找。过了几分钟，警察又问他能不能确定是在这儿丢的。醉汉回答说，不是这儿，是在公园里丢的。警察问他，那为什么要在这儿找。醉汉回答说："因为这里有灯。"

路灯的故事就像在比喻，你正在跟踪的指标被灯光照亮。然而，反映目标的关键结果并不总是清晰可见的。无论环境明暗，你都必须让客户找对地方。帮助客户反思他们要创造的价值，从而产出正确的关键结果，而不应鼓励他们一味盯着那些他们正在跟踪的指标。

下面是我和营销副总裁朱迪（Judy）辅导对话的摘录，介绍了如何让客户深入洞察他们的价值，而不是简单地从现有指标清单中选出一个当作关键结果。谈话开始时客户注重的只是选择，而最后运用的却是注重价值的方法。这段对话展示了如何通过这种方法发掘出开发基线型KR的需求。

[一] 资料来源：https://en.wikipedia.org/wiki/Streetlight_effect。

谈话摘录如下：

第一部分：注重选择

OKR 教练本：下个季度需要聚焦改进的最重要的领域是什么？

营销副总裁朱迪：提高我们营销活动的投资回报率。

本：到了季度末，我们如何知道已经提升了营销活动的投资回报率？

朱迪：哦，我们有一大堆指标来衡量改进。例如，点击率、跳出率、退订率、电子邮件打开率、页面时间……

本：好的，但是我们不需要列出所有我们正在跟踪的事情，我们只需要一些能够反映近期改善的关键结果。

朱迪：我们可以提高电子邮件的打开率。

本：目前的打开率是多少？

朱迪：3.4%。

本：那么真正的进步究竟是什么？

朱迪：你在开玩笑吧，3.4% 已经很惊人了。我们只需要保持在 3% 以上，就算是 2% 也远高于 1.5% 的行业基准。

本：好吧，不过这只是一个健康度量项，而不是关键结果，因为 OKR 要基于改进而不是维持。

分析：到目前为止，朱迪依然专注于她正在跟踪的指标。接下来，请注意我们是如何转变为注重价值的方法的。

第二部分：注重价值

朱迪：有道理。我们真正需要提高的是营销活动的投资回报率，而不仅仅是我们发送电子邮件的数量。

本：我们怎么知道是否提高了营销活动的投资回报率呢？

朱迪：我们还没有相关的衡量指标，衡量起来很复杂。

本：你能想出一次非常成功的活动，然后衡量它的投资回报率吗？

朱迪：当然，但我们需要5～10个活动的投资回报率才能真正获得价值。我们甚至还没有营销活动投资回报率的定义。

本：如果这真的很重要，我们是否应该建立一个基线来反映营销活动的投资回报率？

朱迪：是的，但我不想浪费时间去衡量所有活动的投资回报率，只针对重大活动即可。

本：好的，那你如何定义重大活动呢？

朱迪：我想应该是那些费用超过5万美元的活动。

本：这包括团队付出的时间吗？

朱迪：好吧，我们就按10万美元计算吧，其中包括日常管理费用在内的全部成本。

本：好的，你觉得下个季度你可以得到多少个重大活动的投资回报率？

朱迪：5个应该很容易，要是有10个，那就相当了不起了。

本：我觉得我们可以把它转化为一个关键结果："基于10次重大营销活动，建立营销活动投资回报率的基线。重大活动指全部费用超过10万美元的营销活动。"

朱迪：是的，我指的就是这个，这正是我们所需要的。

注重选择的方法把我们的思维束缚在朱迪正在跟踪的一系列指标上。而当我们转变为注重价值的方法时，我们意识到现有的指标中并没有真正重要的东西。因此，我们基于价值设置了一个关键结果，从而得到一个反映重大营销活动投资回报率的基线。我们调整了目标，用来反映营销活动的价值，而不是电子邮件。我们还添加了另一个关键结果："通过对前三次活动分析的验证，将投资回报率为正的营销活动签约数量从0增加到3。"

◆ **教练辅导要领**

√ 注重价值的方法可以使 OKR 周期的第一步更加有效。而注重选择的方法常常将思维束缚于正在跟踪的一系列指标上。注重价值的方法常常帮助客户发现值得跟踪的基线型 KR。在这种情况下，我们揭示了以下基线型 KR："基于 10 次重大营销活动，建立营销活动投资回报率的基线。重大活动指全部费用超过 10 万美元的营销活动。"

故事 2　基线型 KR 的应用：关于净推荐值的案例（来自本·拉莫尔特）

什么时候用得上这个故事？

- 在 OKR 周期的步骤一结束时。
- 尤其是在完善基线型 KR 时。

当时我正在指导一家成立不久的小型软件公司，他们还没有开始衡量净推荐值（NPS）。NPS 是 2014 年开始流行的指标。当时，我们参加了一次为高管组织的简短报告会，其中一家咨询公司呈现了一份基准分析，对几家竞争对手的 NPS 进行了排名。会后，CEO 要求客户成功团队开始监控和报告 NPS，这样我们就可以看到自己的优势所在，从而进行相应的改进以击败竞争对手。

2014 年，我还没有开发预评分系统。所以那时，我们的关键结果仅仅是"建立 NPS 的基线"。工程、营销和客户成功团队通力合作，从 1000 个活跃客户中收集了大约 200 个 NPS。他们投入了大量时间把 NPS 调查加载到软件上，并要求客户完成 NPS 的调查。但是，当客户成功副总裁在公司全体员工面前呈现 OKR 的状态时，这些已经从 20% 的用户中收集了 NPS 的员工却倍感震惊和失望。

副总裁：我们还是没获得 NPS 的基线。我们只得到了 200 个有效回复，所以下个季度我们还得收集更多的数据。

可以说，那些为收集 NPS 数据努力工作的员工都非常沮丧。会后，我找到了这位副总裁。

本：你觉得建立基线需要多少数据？

副总裁：我不知道，但肯定远远超过 200 个！

一周之后，我们起草了下一个周期的 OKR。通过这次辅导，我们达成一致，修改这项基线型 KR，使其更加具体和可衡量。

> **关键结果**：将 NPS 的客户样本量从 200 个增加到 400 个，并报告一个可靠的基线，以此作为我们的竞争基准（第二季度初，我们有 1000 个客户，400 个意味着客户总量的 40%）
>
> **0.7/ 冲刺值**：基于 300 个客户反馈，报告 NPS 的基线。
>
> **0.3/ 承诺值**：基于 250 个客户反馈，报告 NPS 的初始基线。

我想通过这个故事说明制定关键结果时，具体与可衡量的重要性。即使它在技术上是一个基线型 KR，我们还没有相应的指标，但基线仍然可以通过明确"建立基线"所需的数据量而变得可衡量。进入下一个季度后，整个团队都明确了报告基线 NPS 的标准。季度结束时客户数据量达到 250 个，我们称之为"初始基线"；客户数据量达到 300 个，我们称之为"基线"；客户数据量达到 400 个，我们称之为"可靠基线"。

◆ **教练辅导要领**

花时间让基线型 KR 具体并可衡量。像"为 NPS 建立基线"这样的关键结果是非常好的,但它只是草案,还需要进一步完善,因为它不可衡量。当完善基线型 KR 时,一定要明确"建立基线"所需的数据量或者测量周期。

后记练习:编写一个故事与其他 OKR 教练分享,使用以下三个部分的表达形式。

什么时候用得上这个故事:正如我在前面的故事中,用几句话说明了 OKR 教练在什么情况下可以参考你的故事。如果你的故事与第一阶段相关,请注明是系统设计阶段;如果你的故事与第二阶段相关,请注明培训的类型;如果你的故事与第三阶段相关,请注明是 OKR 周期的哪一个步骤。

故事本身:请使用非正式的语言,就像在写自己的日记一样。反思你作为 OKR 教练所犯的错误,并说明你从中学到了什么。字数在 2000 以内。

教练辅导要领:用几句话总结一下你对 OKR 教练的建议,并说明如何在 OKR 教练的实践中运用你的经验。

奖励:将你的故事发送至 Ben@OKRs,将获得反馈,并可能被收录到本书的下一版中。

附录 A

回答前言中的问题

本书在前言中对 10 个问题做了简要的回答。你将看到除此之外更多问题的详细解答,并获得与 OKR 教练网成员就特定客户进行深入沟通的权限。所以,不妨把下面这些回答当作是预览,期待我们在教练网的论坛中继续讨论。

1. 如何在有数百个部门的大型组织中推广 OKR?

背景:OKR 在大型组织中可以发挥作用。谷歌可能是当今运用 OKR 最知名的公司。不过,它还不能算是大型组织的典型案例,因为他们是在组织规模不到 40 人的时候开始运用 OKR 的。我们真正想要解决的问题是:一家大公司能够导入 OKR 吗?他们如何才能最有效地部署这个系统? Zalando、FlipKart 和西尔斯是三个信而有征的案例,它们证明大规模部署 OKR 是可行的。㊀

信条:在大型组织中推广 OKR 时,爬 – 走 – 跑的信条至关重要。我们强烈建议你分阶段进行。在试图将 OKR 扩展到整个公司之前,先在组

㊀ 关于这三个组织的完整案例,参见《OKR:源自英特尔和谷歌的目标管理利器》。

织的特定区域内进行试点。这样，你就可以不断应用所学到的知识。欲求快，先求稳。

分析：Zalando 循序渐进的方法非常有效。Zalando 当时有大约 7000 名员工，他们花了整整一年时间在品牌解决方案团队中应用 OKR。在这个团队成功实践后，Zalando 才在公司和业务单元的层面导入 OKR。最后，他们在团队层导入了 OKR。作为 Zalando 的外部教练，我的经验表明，他们系统的推动方法是其成功运用 OKR 的关键。

西尔斯和 FlipKart 都是拥有 25 000 多名员工的大型公司。它们在团队层运用 OKR 的速度比 Zalando 快得多。在大规模的组织中快速导入 OKR 往往具有挑战性。然而，西尔斯和 FlipKart 都是领导层明确要求，并授权在整个公司快速部署 OKR 的。FlipKart 的 OKR 项目经理尼克特·德赛（Niket Desai）根据自己的经验，为 OKR 教练提供了以下建议："从最高层开始，逐层向下扩展，不能一步到位。"

通常，一家大公司只会在其特定的业务领域运用 OKR。例如，一位亚马逊的朋友告诉我，他们的团队喜欢运用 OKR，但据我所知，亚马逊并没有在整个组织中应用 OKR。我们大多数的大型客户都是只在某些部门和团队中运用 OKR，不会在整个组织中推行。

2. 如何制定团队层的 OKR 并确保跨职能的协同性，而非简单地通过组织结构图定义运用 OKR 的团队？

背景：如果我们能够简明扼要地回答就好了。遗憾的是，这个问题并没有那么简单。建议反复阅读本书第 3 章的第一项设计要素。

信条：爬 – 走 – 跑和少即是多的信条对此至关重要。从小范围试点开始，看看哪种方式对客户最有效。在完成第一个周期后，为你的客户提供一些选择，并尝试构建跨职能团队。

3. 法务、人力资源、财务等职能部门如何从 OKR 中获益？

背景：职能部门经常向我们寻求 OKR 方面的帮助。他们通常希望将自己的工作与更大的愿景联系起来，并确保自己的工作获得恰当的优先级排序。这些团队经常面临大量的诉求，他们渴望通过 OKR 明确工作的优先级。不过，许多职能部门对 OKR 都很纠结。有的根本不会制定自己的 OKR。他们发现，通过制订行动计划，帮助其他团队实现其 OKR，效果更好。

分析：我们建议与客户一起分析每个支持团队是否应该：①制定自己的 OKR，②不再考虑制定自己团队的 OKR，而是专注于帮助其他团队取得 OKR 的突破。

单纯基于内部改进的需求时，支持团队可以通过制定 OKR 而受益。例如，我们曾看到一个财务团队从 OKR 中获益，他们将团队的目标定义为"简化重复的流程，为分析腾出更多时间"，关键结果是"将每月平均结账时间从 2 周减少到 1 周"。

有的支持团队并不能从制定 OKR 中获益。不过，他们仍然可以通过参与利益相关者 OKR 的起草过程而获益。例如，法务团队可能会将销售团队确定为下个周期的关键干系人。这样，他们可能会派出几名成员在销售团队制定 OKR 时，为其提供法律信息。在这个过程中，法务团队甚至可以为销售团队的关键结果配置一名 KR 经理，解决高度依赖法律的关键问题。

4. 如何将 OKR 整合到绩效管理系统中？

背景：这里有一些坏消息，也有一些好消息。坏消息是，这个问题没有统一的答案。好消息是，作为 OKR 教练，你可以帮助客户找到他们的答案。

分析：如果你的客户已经有了绩效管理系统，请与 OKR 项目经理和 HR

负责人一起回顾本书第 3 章中详述的第 7 项设计要素。以下是其中的要点：

- 将 OKR 纳入正式的绩效评估流程，运用结构化的问题，在绩效评估的面谈中引入 OKR。
- 不要把关键结果的得分作为绩效考核或计算激励性薪酬的依据。

5. OKR 和 KPI 的联系与区别有哪些？

每个组织都必须找到自己对这个问题的答案。我们经常会在第一个阶段，通过一两次辅导，与客户讨论这个主题。第 3 章的第 8 项设计要素详细分析了 OKR 和 KPI 的异同。我们建议与客户共同设计一份表格，如图 3-5 所示，将 KR 与 KPI 进行比较。为了使分析更加有效，请在表中呈现客户实际的 KR 和 KPI。

6. 什么情况下 OKR 不能带来价值？

背景：这是一个需要探究的重要课题。根据我们的经验，OKR 并不总是增加价值。让我们从公司和团队的角度分别探讨这个问题。首先，让我们分析一下什么情况下公司层的 OKR 不能产生价值。

公司层面的分析：当组织处于维持状态时，OKR 在公司层面无法增加价值。下面的故事，可以形象地说明这一点。我住在距离加州马林县（Marin County）离纳帕谷（Napa Valley）只有一小时路程的地方。所以，有一家家族经营的酿酒厂要求我辅导 OKR，一点也不意外[一]。酿酒厂的年销售额有 1000 万美元，每年都有少量的利润。我和管理团队喝了一杯，然后回顾了他们的使命并设定了一些目标。但是，我们很快就意识到一切看起来都像是"健康度量项"。也就是说，他们并不想扩大业务，只是想保持现状。

[一] 马林县（Marin County）是美国加利福尼亚州一个新兴的葡萄酒产区。纳帕谷（Napa Valley）位于美国加利福尼亚州旧金山以北，以盛产葡萄酒而闻名。——译者注

考虑到OKR应当聚焦于可衡量的改进，我们很快就得出了结论，这家酿酒厂并不适合采用OKR。之后，我们又开了几瓶酒庆祝。毕竟，我们很快做出了不采用OKR的决定，这何尝不是一种值得庆祝的成功呢？这是我最成功的"非客户"案例之一，因为我们没有为制定OKR浪费时间，而且这里的葡萄酒很棒。

团队层面的分析：通常很难知道OKR是否对特定的团队有效。硅谷的一家大型科技公司邀请我给五个新团队的试点项目提供为期一年的辅导。试点中，客户决定只保留一个团队继续应用OKR。因为其他四个团队都没有感受到OKR的价值。关于团队什么情况下应该避免应用OKR，通过这个试点项目我们得出了以下两个结论：

- 团队还没有形成：当团队的每一项关键结果都是"充实团队，在期末填补X个职位"时，你就会知道这是个问题。因为，与其说这是个关键结果，不如说是一项任务。
- 团队纯粹处于探索模式：当所有的OKR看起来都像是"运行实验"或"测试市场"时，你就会发现这是个问题。当我们事先不知道A是什么的时候，就很难将A从X增加到Y！

根据我们辅导众多组织的经验，我们发现上述两种情况同样也适用于其他组织。因此，如果团队正处于创建阶段或者纯粹是探索的状态，那么我们建议在制定团队层OKR时要格外慎重。

7. 我们如何确保大多数OKR反映的是团队的思维而非老板的命令？

大多数目标是由领导制定的，而大多数关键结果应当由团队成员来制定。我们强烈建议，避免通过简单地复制粘贴高层的OKR来制定团队层的OKR。对这个问题的详细分析，请参考第3章的第10项设计要素。

8. 我们如何避免 OKR 沦为"待办事项清单"？

背景：在制定时，将 OKR 写成任务清单是团队经常遇到的问题。写下一系列看起来像待办事项清单的 OKR 并不一定是件坏事。然而，如果最终发布的 OKR 看起来像待办事项清单的话，那必然违背了 OKR 的逻辑。

分析：有些 OKR 教练解决这个问题的方法是要求用指标描述每一项关键结果。他们建议客户不要制定任何里程碑型 KR。我们发现完全放弃里程碑型 KR 有点极端，因为它在某些情况下是有效的。更多关于如何设定里程碑型 KR 的分析，请参考第 3 章中的第 5 项设计要素。

作为 OKR 教练，你应当通过提问帮助客户把看起来像是任务清单的关键结果转化为有效的关键结果。通过一系列问题引导客户设计有效的关键结果，从而反映可衡量的成果。将任务转化为关键结果最基本的问题是："任务的预期成果是什么？"

我们希望你能够通过本书 OKR 教练辅导的摘录，提高自己的提问技巧。为了帮助客户避免类似于待办事项清单的关键结果，请回顾第 5 章制定团队层 OKR 的七步法。具体来说，建议回顾第 5 步：将任务转换为关键结果。以及后记中无效和有效关键结果的例子。

9. 某些员工看不到自身工作对公司层 OKR 的贡献怎么办？

背景：OKR 不能囊括所有的工作，所以很可能有些员工不会看到自身工作对公司层 OKR 的贡献。这是意料之中的事。

分析：如果客户有这样的，你应该深入分析其潜在的问题。领导是否认为，让每个人都觉得自己的工作有价值是非常重要的？如果是这样，请提醒客户，OKR 并不意味着要囊括整个组织的每一项重要工作。

想要囊括所有重要工作的领导通常会把一个面面俱到的宽泛框架作为 OKR 的背景。例如，他们可能会用平衡计分卡来穷尽所有的领域。

我们还见过一些组织将 OKR 与健康度量项结合起来。员工可以通过检视健康度量项和 OKR，将自己的工作与更大的愿景联系起来。他们能够看到自己的努力是如何维持健康度量项或驱动关键结果的。例如，华为允许员工将他们的工作同时与健康度量项和 OKR 关联。更多关于华为的信息，请参阅第 3 章中况阳的贡献。

为了确保自己的工作能够为高层 OKR 做出贡献，员工经常与他们的经理就 OKR 进行一对一的面谈。有的员工可能从事与公司层 OKR 无关的项目，他们可能专注于维持健康度量项或者履行程序性的合规工作。而有的员工则认为有必要为公司层 OKR 做出贡献，所以也会因此调整他们工作的优先级，甚至是他们在组织中的角色。

10. 如何引导高层 OKR 工作坊起草高层的 OKR？

任何工作坊都一样，关键是要做好准备。设计一个结构化的议程，并由 OKR 项目经理和高层发起人推动。正如 ACME Homes 案例中所示的那样，做好调整议程的准备。关于这个案例，以及帮助你设计、准备和辅导高层工作坊起草其 OKR 的行动手册，请参考第 4 章应用 OKR 中的第一个部分。

附录 B

OKR 教练辅导要领

第 1 章 什么是 OKR 教练辅导？为什么现在如此重要

为工程副总裁提供的一对一远程辅导

- √ 如果有疑问，请回到 OKR 基本的辅导问题，如：
  1. 关于 KR 的基本问题：我们如何知道自己达成了目标？
  2. 关于将任务转化为 KR 的问题：这项任务的预期成果是什么？

与应收账款副总裁和数据库管理员进行小组辅导

- √ 跨部门合作。玛丽与其他团队共同制定了她的关键结果，大家达成了共识。

  鼓励团队在最终确定之前，向相关团队展示关键结果，从而获得反馈。

- √ 少即是多。我们发现 OKR 的数量与 OKR 沟通的有效性呈负相关关系。少量的 OKR 更有助于积极沟通。当吸收的内容较少时，人们似乎会更加注意。考虑分享这个案例，以说明通过少量的 OKR 驱动聚焦的强大力量。这个案例中，苏米特认真倾听了只有一个关键结果的唯一目标，而玛丽获得了她战略性管控应收账款的基础数据。

第 2 章　OKR 教练辅导：阶段、周期、角色

- √ 通过两个周期（8～12 个月）的教练辅导履行你支持客户的承诺。
- √ 基于 OKR 教练辅导的三个阶段制订你的工作计划：①系统设计，②导入培训，③全周期辅导。
- √ 帮助客户确定合适的人选，担任启动和持续推进 OKR 项目所需要的各种角色。
- √ 确保 OKR 不被视为"人力资源工作"，至少要有一位非人力资源的 OKR 项目经理。

第 3 章　教练辅导第一阶段：系统设计

从"为什么"开始，基于客户应用 OKR 的背景

- √ 首先要通过与高管和 OKR 项目经理的面谈，确认客户实施 OKR 的原因。你和客户越清楚他们为什么要推行 OKR，就越容易在系统设计方面保持一致。

10 项通用设计要素

1. 我们在哪些层级设定 OKR，高层/公司层、团队层，还是个人层？

   - √ 从设定最高层的 OKR 开始，为其他层级设定 OKR 提供背景。
   - √ 谨记爬–走–跑的信条，建议客户在扩展 OKR 应用范围之前，先取得小规模团队试点的成功。
   - √ 如果客户希望在个人层设置 OKR，建议他们将这种做法作为备选项。
   - √ 个人应当作为团队成员、OKR 内部教练，或 KR 经理为 OKR 做出贡献。
   - √ 管理者应当与团队全体成员合作，确保日常工作对 OKR 的驱动作

用，以及维持健康度量项。

2. 我们应该制定多少 OKR，应该如何平衡内部目标和外部目标？

   √ 少即是多：在开始应用 OKR 时，限制其数量。最多 3 个目标，每个目标不应超过 4 个关键结果。

   √ 尽管不常见，但某些团队可能通过设定 5 个目标，每个目标 5 个关系结果而受益。这些 OKR 几乎体现了他们近期的全部工作，从而管理他们在短期内交付或不交付工作的预期。

   √ 考虑同时设定一个内部目标和一个外部目标。

3. 我们如何给 OKR 评分，如何更新进度？

   √ 给关键结果评分并非简单地对员工进行绩效评价，而是积极地：①沟通目标，②管理预期，③持续学习。

   √ 至少在两个 OKR 周期内，采用统一方法给所有的关键结果评分。

   √ 考虑同时设定一个内部目标和一个外部目标。

   √ 考虑添加一个"质量"维度，使用颜色或快乐/悲伤的表情符号来促进跟踪对话，而不仅仅是数字。

   √ 谨慎使用《这就是 OKR》的评分方法。它可能会诱导团队写下一个庞大的"承诺型"关键结果的清单。尽管这种方法对部分团队有效，但我们不建议把他们所有的工作都纳入 OKR。如果团队想要编制一份待办事项清单，去列清单就好，不必使用 OKR。

   √ 我们建议在发布关键结果之前，运用预评分系统就 0.3/承诺值，0.7/冲刺值，和 1.0/挑战值达成共识。

4. OKR 的周期应该多长时间？

   √ OKR 的第一个周期要保持统一。

- √ 至少在完成一两个 OKR 周期后，再探索采用不同的周期。
- √ 尽管组织通常会以 3 个月为一个周期，但不妨尝试采用 4 个月的周期，以减少假期等因素造成的影响。
- √ 考虑为需要平衡长期目标和短期目标的团队设定双重节奏。比如，一个团队可以同时制定年度和季度的 OKR。
- √ 具有多层级 OKR 的大型组织，通常会为较低层级设定较短的周期。

5. 关键结果的三种类型分别是什么，里程碑型 KR 合适吗？

- √ 度量型：帮助客户将大多数关键结果设为度量型（如：将 A 指标从 X 移至 Y）。
- √ 基线型：如果客户还没有可以衡量目标进展的指标，则考虑设定基线型 KR。换句话说就是，"找到 X 值"，这样客户以后就可以在下一个周期设定从 X 移至 Y 的度量型 KR。
- √ 里程碑型：并非所有里程碑型 KR 都不好！教练辅导中的提问可以帮助客户进一步思考价值链，将任务转化为成果。
- √ 使用评分将衡量工作产出的里程碑 KR 转换为衡量成果的里程碑 KR 或指标。可以通过虚拟的辅导对话来启发，将类似于任务的关键结果"开发演示版本"转换为度量型 KR，如"3 个客户在观看新产品 X 的演示后签订购买合约"。

6. 我们应该在哪里起草、发布和跟踪 OKR，使用什么模板？

- √ 向客户提供 OKR 起草模板。
- √ 草拟 OKR 时要灵活，可以使用 Word 等大家熟悉的工具。
- √ 在 OKR 跟踪看板上发布所有的 OKR。
- √ 通过至少一个完整周期的实践，构建自己的流程，再考虑通过软件提高效率和扩展范围。

7. OKR 如何与绩效评估相关联？

要（Do）

✓ 评估现有的方法。如果客户已经有绩效评估的系统，应当先向 HR 负责人进行了解。

✓ 将 OKR 与绩效管理相关联。与 OKR 项目经理、HR 负责人和高层发起人就如何将 OKR 与绩效管理关联达成共识。

✓ 将 OKR 纳入绩效评估。客户应该设定一系列与 OKR 相关的结构化问题，并将其纳入 OKR 团队的绩效评估流程中。

不要（Don't）

✓ 使用 OKR 来计算奖金。将关键结果的得分作为计算激励性薪酬的依据会阻碍挑战思维。

✓ 同时引入两个系统。同时推出 OKR 和新的绩效管理体系会造成困惑甚至焦虑。

✓ 从个人层面开始的做法，将模糊 OKR 与绩效评估之间的区别。

8. OKR 与 KPI 有什么区别？

✓ OKR 和 KPI 可以协同发挥作用；它们不是相互冲突的系统。

✓ 与关键结果不同，KPI 没有标准的定义。

✓ 当 KPI 成为近期改善的重点时，可以作为关键结果。

✓ 不是短期改善重点的 KPI 可归类为健康度量项。

✓ 参考图 3-5 为客户创建培训材料，以区分 KR 和 KPI。

9. 如何确保 OKR 的对齐？

要（Do）

✓ 将高层 OKR 作为创建较低层级 OKR 的背景。

✓ 鼓励客户清晰地阐明低层目标是如何与高层目标联系起来的，并纳入每个目标"为什么是现在?"的分析之中。

✓ 像华为一样,与领导讨论较低层级的 OKR 以确认对齐。

不要(Don't)

✓ 使用直接承接的方式制定 OKR。

✓ 将高层级的关键结果直接作为下一层级的目标。

✓ 复制粘贴高层级的 OKR 作为创建低层级 OKR 的基础。

10. 如何确保大多数的 OKR 基于"自下而上"?

✓ 团队负责人制定团队的大部分目标。

✓ 团队成员制定大多数的关键结果。

✓ 当团队起草 OKR 时,团队负责人应当介绍目标并阐明其重要性。

✓ 第一个周期可以采取完全自上而下的方法,以确保领导层适应 OKR 的方法,并在第二个周期中引入自下而上的方法。

第 4 章 教练辅导第二阶段:导入培训

✓ 留出时间,请每位学员进行简短的介绍,你会学到很多。运用你得到的信息优化工作坊,以匹配客户的现状。这个客户很不一般,他们没有筒仓效应。大家很快就理解并接受了先在公司层制定 OKR,然后再探索团队层 OKR 的构想。

高层 OKR 工作坊教练辅导要领

✓ 灵活一点!如果客户正在进行重要的对话,就请把议程放在一边,让他们继续。在 ACME Homes 的案例中,CEO 负责让每个人思考成为"一流选手"意味着什么。

✓ 关键结果出现时,重新审视目标。在 ACME Homes 案例中,关键结果的起草过程使目标从"员工"这一宽泛概念细化为"销售机器"

这一更聚焦的目标。

✓ 少即是多：一个完全成熟的 OKR，好过多个半生不熟的。

OKR 内部教练培训教练辅导要领

✓ 通过 OKR 内部教练培训为客户培养 OKR 内部教练，正如我们在 Zalando 看到的那样。

✓ 每个小组应包括来自不同团队的 3~4 名参与者。

✓ 每个小组有三个角色：①教练，②学员，③观察员。

团队 OKR 工作坊教练辅导要领

✓ 安排团队 OKR 工作坊之前，先界定"团队"。

✓ 多团队参与，以促进协同。

✓ 从回顾高层 OKR 开始，以便提供背景。

第 5 章　教练辅导第三阶段：全周期辅导

✓ 每一支接受辅导的团队，都应当做出承诺，全部完成 OKR 周期的三个步骤。

✓ 确保客户的 OKR 跟踪看板能够用于整个周期的监控。

步骤一：OKR 的制定和对齐

✓ 应用七步法制定团队层的 OKR。

✓ 帮助团队明确他们的长期使命，从而为 OKR 的制定提供背景。

✓ 确保客户的关键结果全部符合有效关键结果的 8 项特征。

步骤二：OKR 的跟踪和监控

✓ 将第一个周期的 OKR 发布于 OKR 跟踪看板上。

✓ 将 OKR 整合到现行的会议和报告系统之中。

- ✓ 辅导多团队的中期跟踪，并力求简短。

步骤三：OKR 的反思与重设

- ✓ 提前一周进行准备。
- ✓ OKR 项目经理可以使用本章提供的邮件模板，准备反思和重设的辅导课程。
- ✓ 每一项关键结果都应花 5～10 分钟，采用外部教练提供的框架进行反思和重设。
- ✓ 注重学习，并起草下一周期的 OKR。

后记　开启你的 OKR 教练之旅

OKR 是注重价值还是注重选择

- ✓ 注重价值的方法可以使 OKR 周期的第一步更加有效。而注重选择的方法常常将思维束缚在正在跟踪的一系列指标上。注重价值的方法常常帮助客户发现值得跟踪的基线型 KR。在这种情况下，我们发现了以下基线型 KR："基于 10 次重大营销活动，建立营销活动投资回报率的基线。重大活动指全部费用超过 10 万美元的营销活动。"

基线型 KR 的应用：关于净推荐值的案例

- ✓ 花时间让基线型 KR 具体并可衡量。像"为 NPS 建立基线"这样的关键结果是非常好的，但它只是草案，还需要进一步完善，因为它不可衡量。在完善基线型 KR 时，一定要明确"建立基线"所需的数据量或者测量周期。

附录 C

OKR 教练的五大信条

这些信条来自 OKR 教练们辅导数百个组织、数千个团队的共同经验。遵循这些信条的组织更容易获得 OKR 的成功。下面是每个信条的简要描述。牢记它们，并将其融入每一次 OKR 的辅导之中，你就可以迈上成功之路！

少即是多。只设定少量的 OKR。

爬－走－跑。循序渐进，从试点团队开始，而不是在整个组织中全面推行。

成果，而不是产出。写出反映结果（成果）而不是产出（完成的工作量）的关键结果。

OKR 并非所有。OKR 应当反映最重要的领域，以取得可衡量的进展，而不是试图呈现你所做的一切。把 OKR 与任务及健康度量项区分开来。

学习 OKR 最好的方法，就是实践。将 OKR 工作坊的大部分时间用来辅导客户起草实际的 OKR，而不是探讨理论或展示其他组织的案例。

附录 D

词汇表

词汇表定义了本书关于 OKR 教练辅导的核心术语。

Advocacy 提议：陈述自己的观点。描述自己的想法，表达个人的感受，发表一个判断，敦促采取行动并下达命令，这些都是提议的形式。另请参见第 1 章开头对 OKR 教练定义的分析。

Baseline Key Result 基线型 KR：当反映目标进展的指标的当前值未知时，采用的一种关键结果。基线型 KR 确定了"X"，这样我们就可以在一个 OKR 周期中，通过衡量从"X"到"Y"的移动来呈现进展。我们建议您不要用"将指标 a 增加到 Y"的形式描述 KR，而应该指定基线，从而将关键结果描述为"将指标 a 从 X 增加到 Y"。参见后记的第二个故事。

Bottom-up 自下而上：源于团队成员的意见，而不是领导的指令。根据经验，大多数关键结果应该是自下而上的。另请参见第 3 章系统设计的第 10 个要素。

Check-In and Monitor 跟踪和监控：一个 OKR 周期中的第二个步骤，在团队内部以及团队之间，通过结构化的对话确保所有人在 OKR 周期内始终聚焦 OKR，避免"定了就忘了"的陷阱。另请参见第 5 章中对 OKR 周期中第二个步骤的解析。

Coachee 学员：在教练辅导过程中接受指导的人。

Critical Thinking 批判性思维：在定义 OKR 时，我们使用"批判性思维"反映 OKR 教练在指导客户实践 OKR 时的有效倾听和有力发问。对批判性思维更正式的定义是："批判性思维是一项严密的思维技术，旨在综合运用观察、经验、反思、推理或交流等手段评估所有相关信息，将其分析、整合并概念化，从而积极应用于认知和行动的指导过程中。定义来源：斯克里文（Scriven）和保罗（Paul）在第八届批判性思维和教育改革国际年会上的发言。参见第 1 章"什么是 OKR 教练辅导"。

Deployment Parameters 系统设计：在为特定的组织部署 OKR 之前，针对性地解答那些必须事先澄清和明确的问题。参见第 3 章。

Dual Cadence 双重节奏：一个特定的团队一般会基于一个时间段制定自己的 OKR。不过，当一个团队同时依据两个不同的时间段制定 OKR 时，他们就是在采用双重节奏。其中一个周期是相对较长的周期，如全年；另一个周期相对较短，通常是一个季度。参见第 3 章中系统设计的第 4 项要素。

Executive Sponsor 高层发起人：参与 OKR 计划最高级别的人员。参见第 2 章中高层发起人角色。

External OKRs Coach OKR 外部教练：在 OKR 实施的三个阶段中，以教练辅导的方式，为客户提供外部支持的人。参见第 2 章中 OKR 外部教练角色。

Health Metric 健康度量项：可以主动跟踪和监控的指标，但不是近期改进的重点。当组织运用 OKR 时，任何未被归类为关键结果的 KPI 通常都被归类为健康度量项。参见第 3 章第 8 项系统设计的要素。

Human Resources Lead HR 负责人：客户人力资源团队中深度参与 OKR 教练辅导的成员，其职责主要是确保避免 OKR 与绩效评估直接产生冲突。参见第 2 章中 HR 负责人角色。

Inquiry 探询：提问。通过坦诚的发问探寻有价值的信息，运用设问、反问等方法进行引导，其实质是另一种形式的提议。我们建议保持提议和探询的平衡。与致力于为客户提供建议的咨询师不同，教练强调探询，尤其是在 OKR 全周期教练辅导的第三阶段。参见第 1 章"什么是 OKR 教练辅导"。

Internal OKRs Coach OKR 内部教练：组织内部推动 OKR 实践的成员。虽然 OKR 内部教练可能会在前两个阶段做出独特的贡献，但他们重点聚焦的是在第三阶段为组织内的成员提供指导。参见第 2 章中 OKR 内部教练角色。

Key Performance Indicator（KPI）关键绩效指标：通常是领导者认为需要监控的重要指标。KPI 常常被用于评价公司、团队，以及个人的贡献程度。参见第 3 章第 8 项系统设计要素。

Key Result 关键结果：对特定目标取得的进展所做的可衡量的描述。关键结果回答的是："我们怎么知道目标在特定的时间段内取得了可衡量的进展？"参见后记中关于有效的关键结果和无效关键结果的示例。

Key Result Champion KR 经理：OKR 项目中至关重要的角色，负责在 OKR 实施周期内推动特定关键结果的进程。参见第 2 章 KR 经理。

Key Result Scoring 关键结果的评分：用于管理关键结果的预期、确认其实际进展或预测其发展的方法。评分在 OKR 周期的任何一个阶段都可以运用。评分方法包括：①《OKR 工作法》：关键结果以 5/10 的信心指数开始；②《这就是 OKR》：将关键结果分为承诺型和愿景型；③志向预评分：包括承诺值、冲刺值、挑战值。参见第 3 章第 3 项系统设计要素。

Left-Hand Column（LHC）Exercise 左手栏练习：由哈佛商学院名誉教授克里斯·阿吉里斯博士（Dr. Chris Argyris）开发的一种方法，用来帮助人们反思沟通中的一系列假设。彼得·圣吉（Peter Senge）在

《第五项修炼》一书中也介绍了这个练习。我们建议 OKR 教练运用这个练习进行反思，从而提高教练辅导的水平。参见第 1 章末尾的两段 OKR 现场辅导摘录。

Metric Key Result 度量型 KR：关键结果的一种形式，其表现为"将某一特定的指标从 X 增加（或减少）至 Y"，其中 X 表示当前值，Y 表示在 OKR 周期结束时希望达成的期望值。参见第 3 章第 5 项系统设计要素。

Milestone Key Result 里程碑型 KR：关键结果的三种类型之一，与必须用数字呈现的度量型 KR 和基线型 KR 不同，里程碑型 KR 通常不包含数字，其反映的通常是二元结果。参见第 3 章第 5 项系统设计要素。

Mission 使命：对一家公司或某个特定团队以下四个问题的回答：①我们为什么存在？②我们的客户是谁？③我们的核心产品和服务是什么？④我们长期的影响力何在？参见第 5 章制定团队 OKR 的步骤一。

Objective 目标：以动词开头的陈述，回答的问题是"我们近期应当将自己的努力聚焦于何处以取得可衡量的进展？"目标可以分为内部目标和外部目标。内部目标是关于组织内部改善的，例如：①我们的团队是否高度敬业？②我们是否有好的发展计划？③我们是否在不断地学习和成长？外部目标旨在组织外部产生影响。这些外部利益相关者通常包括终端消费者、投资者或合作伙伴。参见第 3 章第 2 项系统设计要素。

OKRs Coaching OKR 教练辅导：以一种激发思考和创造性的结构化流程与客户合作。第一阶段：OKR 系统设计的辅导旨在引导客户就项目目标、项目组织、资源保障等关键问题达成高度共识。第二阶段：导入培训旨在确保客户对 OKR 的一致理解。第三阶段：全周期辅导是通过探询激发客户，在 OKR 周期的三个步骤中批判性地反思他们应当将努力投入哪些可衡量的改进之中，以及为什么将精力投入这些方面，帮助客户进行沟通并监控进度，指导他们总结经验，并在下一个周期运用。参见第 1 章"什么是 OKR 教练辅导？"

OKRs Coordinator OKR 协调员：作为 OKR 项目的"任务主管",致力于确保 OKR 项目的顺利进行。参见第 2 章中的 OKR 协调员角色。

OKRs Cycle OKR 周期：周而复始、不断循环的 3 个步骤,即从制定 OKR 开始,接着进行跟踪,最后进行反思和重设。参见第 5 章中对 3 个步骤的深入解析。

OKRs Cycle Time OKR 期间：回答的问题是"一个 OKR 从开始到结束的周期有多长时间?"尽管人们常常将 3 个月作为一个 OKR 的周期,但很多组织并不以季度为周期,正如前言中提到的趋势,有些团队正在将他们的 OKR 周期调整为 4 个月。参见第 3 章中第 4 项系统设计要素。

OKRs Drafting Template OKR 起草模板：由一系列问题组成的结构化方法,帮助特定的组织制定他们的 OKR。"目标"和"关键结果"是 OKR 起草模板的必要组成部分,我们同时建议增加类似于"团队名称/使命",以及"为什么现在?"等相关内容。参见后记中的起草示例及其解析。

OKRs Project Lead OKR 项目经理：OKR 项目的关键角色之一,作为 OKR 教练与客户的主要联系人。组织通常有两到三个 OKR 项目经理。参见第 2 章中的 OKR 项目经理角色。

OKRs Team OKR 团队：以高层 OKR 和（或）组织的战略为前提,组建 OKR 的团队。组织结构图并非界定 OKR 团队的唯一依据。参见第 3 章中第 5 项系统设计要素。

OKRs Team Lead OKR 团队负责人：运用 OKR 团队的负责人。参见第 2 章中 OKR 团队负责人角色。

OKRs Team Member OKR 团队成员：运用 OKR 的团队中,除团队负责人外的所有人。参见第 2 章中 OKR 团队成员角色。

OKRs Tracker OKR 跟踪看板：在 OKR 循环的三个步骤中记录所有 OKR 信息的地方。跟踪看板确保有一个固定位置可以：①发布 OKR,

②跟踪和监控进度，③记录最终评分和学习成果，进而在每个OKR周期结束后进行反思和重设。参见第5章最后的案例研究。

OKRs Training Workshop OKR工作坊：一种互动的培训方式，内容包括①OKR的基本理论，②特定的组织为什么要应用OKR，如何运用，③练习运用基本概念制定OKR，培训内部教练如何支持组织的OKR项目。参见第4章对三种不同类型工作坊的解析。

Refined OKRs OKR定稿：可以提交上级进行最终审查的OKR。在经过完善的OKR中，每一项关键结果必须有一个对应的KR经理。与草拟的关键结果不同的是，完善后的关键结果不能用虚拟的数字表达（例如，将收益从X增加到Y），而应当用精确的数字呈现（例如，将收益从300万美元增加到400万美元）。参见第5章中团队OKR创建七步法中最后的三个步骤。

Reflect and Reset 反思和重设：OKR周期的第三个步骤，KR经理将总结经验，并在下一个周期运用所学。参见第5章最后两个部分。

Top-down 自上而下：大多数目标（如果不是全部的话）应该由领导层自上而下地发起，一般很少或者没有基层团队成员的参与。参见第3章中第9项和第10项系统设计要素。

附录 E

贡献者

况阳在华为公司工作超过13年，因将OKR引入华为而备受赞誉。他除了履行华为OKR项目经理和内部教练的角色外，还主持开发了华为的OKR软件系统，这一系统至今仍在华为使用。况阳将《OKR：源于英特尔和谷歌的目标管理利器》翻译之后，出版了在中国OKR领域最受欢迎的著作《绩效使能：超越OKR》。最近，他为阿里巴巴、Tap4fun、三一集团（SANY）和华大基因（BGI）等数十家中国公司导入了OKR。况阳是中国第一个真正的OKR践行者。

迪克兰·雅普坚是一位屡获殊荣的高级管理人员和顾问，拥有25年组织战略规划与投资经验。他的职业生涯涵盖财务规划与分析、商业战略、人力资源和运营。2017年，他与本·拉莫尔特取得联系，成为首位获得OKRs.com认证的OKR教练，帮助数十个团队导入了OKR。他的OKR客户从创业公司到全球领导品牌，所涉及的行业包括软件和服务、银行/金融机构、信息/网络安全、消费品，以及非营利组织。他热衷于与那些决策更加敏捷和积极，并主动寻求重大战略突破的组织一起实施OKR。

安德鲁·舒兹班克，医学博士，公共卫生硕士，Lora Health高级发展副总裁。他对医疗改革的热情始于卡特里娜飓风前后新奥尔良的杜兰大学（Tulane），一直持续到他在波士顿的贝斯以色列女执事医疗中心（Beth Israel Deaconess Medical Center）内科做初级保健住院医师期间。作为第一批 Lora 人，安德鲁在 Lora Health 的各个部门工作过，他开发了影响深远的、基于关系的初级护理动态模型，照顾病人，编写代码，推动实践，并监督 OKR 项目的实施！只要有可能，安德鲁就和他的妻子惠特尼（Whitney）以及三个孩子马克斯（Max）、马达林（Madalyn）和阿萨（Asa）一起旅行、徒步和滑雪。

马德琳·德尔·蒙特曾在邓白氏（Dun & Bradstreet）和 CBS 领导 OKR 的变革。从皇后学院（Queens College）获得艺术和戏剧学位后，马德琳在德勤（Deloitte）工作了 8 年。现在她是一位敏捷大佬，也是敏捷大佬有限公司（Agile Gangster, LLC.）的创始人。什么是敏捷大佬？敏捷大佬会运用任何工具搞定工作，而不仅仅限于敏捷工具。他们将精益、敏捷、项目管理，甚至老式的街头智慧融为一体，他们不在意所提供的方案是否符合某种框架，而是致力于满足业务伙伴的实际需求。大佬们坐拥庞大的朋友圈和社交网络，他们驱动着变革。"大佬"象征着：目标和 OKR、敏捷、迭代（快速试错）、感恩、战略、变革，以及对每个人的尊重。

关于 OKR 教练网

OKR 教练网（美国）

美国 OKR 教练网（www.okrscoach.network）是由本·拉莫尔特为全球 OKR 教练创办的专业社区，旨在促进各国 OKR 教练的广泛交流，分享彼此的最佳实践经验，从而提升全球 OKR 教练的专业水平，帮助各国组织提升聚焦、协同、沟通和学习的能力。

OKR 外部教练与内部教练均可加入。

OKR 教练网（中国）

中国 OKR 教练网（www.okrscoach.cn）是中国 OKR 教练的专业社区，是美国 OKR 教练网在中国的独家合作伙伴。

- 中国 OKR 教练网的使命

中国 OKR 教练网旨在促进 OKR 外部教练和内部教练的广泛交流，分享彼此的实践经验，进而提升 OKR 教练的专业水平，帮助企业解决实际问题，支撑企业 OKR 的实践落地；同时探索并创造性地发展 OKR 在中国的最佳实践，赋能企业的管理创新和组织发展。

- 哪些人应该加入？

OKR 外部教练

如果你是一名管理咨询顾问，以 OKR 外部教练的身份为客户提供 OKR 的培训或咨询服务，加入中国 OKR 教练网可以帮助你更好地辅导客户顺利导入 OKR、有效落地 OKR。

OKR 内部教练

如果你在组织中负责 OKR 的推动工作，或正在思考如何在自己的组织中运用 OKR，那么你可以作为 OKR 内部教练加入中国 OKR 教练网，从而拓宽专业视野，获得广泛和深入的指导，解决组织导入、推动、实践 OKR 的各类问题。在组织完成正式的 OKR 教练辅导项目后，可以通过教练网保持与外部教练团队的联系，从而确保长期实践的成功。

- 加入教练网能获得什么？

1. 与全球顶尖的 OKR 专家互动，持续获得最佳实践经验，不断提升专业水平。

2. 在论坛发起和参与讨论，扩展多元视角，激发深刻洞察，获取解决方案。

3. 参与为会员举办的线上研讨会和讲座。

4. 参与教练网组织的研讨会、企业参访、专业论坛等各类线下活动。

5. 自由下载持续更新的内部资料（包括 OKR 教练辅导中所必备的各类讲义、表格、模板、案例、流程、练习等）。

推荐阅读

OKR：源于英特尔和谷歌的目标管理利器
ISBN：978-7-111-57287-9

提供完备的一站式服务，帮你更好地落地实施OKR,提升战略聚焦度、目标一致性和员工敬业度。

OKR完全实践
ISBN：978-7-111-65886-3

50+范例深入、细致解读OKR实操，一看就会；100+图表OKR必备工具箱，拿来即用。

况阳作品

绩效使能:超越OKR
ISBN: 978-7-111-61897-3

盖亚组织
ISBN: 978-7-111-69620-9